뼛속까지 문과생도
단번에 이해하는
쉬운 말로 풀어 쓴
머신러닝 이야기

대충 무슨 의미인지
감은 오지만
명쾌하게 이해되지 않아

답답한 벽처럼 느껴지는
뼛속까지 문과생을 위한
머신러닝 쉬운말 번역서

목 차

1. 인공지능, 머신러닝, 딥러닝의 개념과 관계   10
2. 머신러닝의 절차: 기계의 배움에도 순서가 있다   19
3. 머신러닝의 방법론   34
4. 딥러닝의 이해   42
    4.1. 알고리즘의 개념   43
    4.2. 딥러닝의 개념   44
    4.3. 딥러닝의 예시: 과자 공장   50
    4.4. 딥러닝의 강점: 규칙이 없는 데이터 다루기   54
5. 자연어 처리   61
    5.1. 자연어의 개념   62
    5.2. 자연어 처리의 개념   64
    5.3. 자연어 처리의 활용 분야   67
6. 지도학습 알고리즘의 이해: 분류 분석   87
    6.1. 분류 분석의 특성   88
    6.2. 나이브 베이지안: 스팸 메일에 쓰이는 흔한 제목   92
    6.3. 의사 결정 나무: 어느 교실의 스무고개   98
    6.4. 랜덤 포레스트: 다수결로 하는 스무고개   104
    6.5. K-최근접 이웃: 좋아하는 계절 알아내기   108
    6.6 서포트 벡터 머신: 체육시간의 축구파와 농구파   113

7. 비지도학습 알고리즘의 이해: 군집 분석　　**116**
　7.1. 군집 분석의 특성　　117
　7.2. 군집 분석의 두 가지 방법: 어느 교실의 조 짜기　122
　7.3. 계층적 군집 분석　　130
　7.4. 계층적이지 않은 군집 분석　　141

8. 반지도학습의 이해　　**153**
　8.1　반지도학습의 개념　　154
　8.2. 반지도학습의 특징　　157
　8.3. 반지도학습의 방법: 미술부와 성악부 나누기　159
　8.4. SGAN 알고리즘: 베낀 숙제 잡아내기　　163
　8.5. 반지도학습의 사례　　167

9. 강화 학습의 이해　　**169**
　9.1. 강화 학습의 개념　　170
　9.2. 강화 학습의 예시　　173
　9.3. 마르코프 결정 과정　　175

10. 탐색과 최적화 알고리즘: 최단 경로 찾기　**179**
　10.1. 탐색과 최적화　　180
　10.2. 탐욕 알고리즘　　183
　10.3. 다익스트라 알고리즘　　188

11. 머신러닝 이전의 인공지능　　**205**
　11.1. 규칙 기반 인공지능　　206
　11.2. 규칙 기반 학습의 특징　　209

저자 이승도

서울 오산고등학교 졸업
서울대학교 경제학부 우등졸업(Cum Laude)
국내 대기업 및 대표 공기업·공공기관 다수 면접 경험
금융공기업, 증권사, 은행 면접 경험

삼성전자 개발팀 Software Engineer(2015.1.~2017.8.)
빅스비 언어모델(LM) 성능평가 및 자연어 이해(NLU) 업무 담당(Cloud Solution Lab)
SmartThings 제품 연동을 통한 IoT Lab 구축 참여

성균관대학교(2018.1.~현재)
국내 종합대학 최초 인공지능 챗봇 킹고봇(Kingobot) 개발 업무 담당(약 1년)
국내 종합대학 최초 등록금 외화결제 서비스 단독개발(사내 표창 수상 및 다수 언론 보도)
수강과목 추천 및 우리 학과 진로 현황 서비스('챌스선배') 단독개발(사내 표창 수상)

『대기업, 금융권, 공공기관, 교직원 20곳 이상 실제 면접후기』 출간(2023.4.)
ebook 출간 2022.12.

서문

　세상이 변화하고 시대가 발전하고 기술이 진보하면서, 낯설고 멀게만 느껴졌던 인공지능과 머신러닝은 나와 가장 친숙한 일상 곳곳에 자리 잡게 되었습니다. 교육, 금융, 가전, 산업, 식품 등 기술과는 전혀 관련이 없어 보였던 많은 분야에 인공지능과 머신러닝이 접목되기 시작하면서, 살면서 내가 전혀 접할 일이 없다고 생각했던 기술 서적을 읽거나 살면서 내가 전혀 쓸 일이 없다고 생각했던 기술적인 보고서나 논문을 써야 하는 일들을 처음 겪게 되신 분들도 그 변화의 속도만큼 많아졌을 것이라고 생각합니다.

　필자는 문과 출신으로 경제학을 전공하였으나, 이공계로의 직무 전환을 통해 삼성전자에서 빅스비 엔진을 개발하는 시스템 개발자로 2년 넘게 근무하였고, 이직 후에는 성균관대학교 정보통신처에서 국내 대학 최초 인공지능 챗봇인 '킹고봇'의 개발 업무를 약 1년여간 담당하였으며, 이후에도 성균관대학교에서 '수강과목 추천 서비스', '우리 학과 진로 현황 서비스' 및 국내 대학 최초 '등록금 외화결제 서비스' 등 여러 서비스를 개발하였습니다.

필자 스스로가 코딩의 C도 모르는 바로 그 뼛속까지 문과생이었던 사람이었기에, 대부분의 문과생 분들이 여러 서적과 글을 통해 기술적인 내용을 공부하는 과정에서 아무리 봐도 헷갈리는 것 투성이고 대충 무슨 의미인지 전체적인 감은 오지만 명쾌하게 이해되지 않아서 답답한 그 기분을 누구보다 잘 알고 있습니다. 또한 다년간의 사회 경험을 통해, 제가 이처럼 과거의 저와 비슷한 어려움을 겪고 있는 비전공자 분들께 문과생도 바로 이해할 수 있는 눈높이에 맞춘 쉬운 설명을 잘 하는 것이 강점이라고 느껴왔던 바, 인공지능과 머신러닝을 힘겹게 공부하고 있는 비전공자 분들께 도움을 드리고자 이 책을 집필하게 되었습니다.

　이 책은 이해와 설명의 효율을 극대화하고자, 수식의 사용을 최대한 지양하고 누구든지 일상에서 친숙하게 접할 수 있는 사례를 비유적으로 제시하여 이야기처럼 풀어서 머신러닝을 설명하는 데 그 목적을 두었습니다. 또한 이 책이 정확한 수학적 증명과 수식의 사용을 최소화하고 비유적인 일상의 여러 예시들을 통해 비전공자들이 어려운 기술적 용어와 개념에 대해 쉽게 이해하는 데 그 목적을 둔 만큼, 그 비유가 수학적·논리적으로 정확하지 않은 부분이 있거나, 다소 적절하지 않을 수 있는 비유를 활용하였거나, 실질적으로 명백히 다른 개념을 사실상 같은 개념으로 인식되도록 설명한 내용이 포함될 수 있음을 먼저 밝힙니다. 아울러 이러한 내용들에 대해서는 머신러닝에 대한 심리적 장벽을 낮추고자 하는 본서의 목적을 먼저 헤아려 주시길 바라는 양해의 말씀을 전합니다.

코딩 교육이 의무화되고 사람보다 더 자연스러운 인공지능이 미디어의 트렌드가 되어가는 시대에, 이 책이 여러분들의 무한히 빛나는 앞날에 조금이라도 도움이 될 수 있기를 진심으로 바랍니다.

2023년 7월
상현동에서, 이승도

1

인공지능, 머신러닝, 딥러닝의 개념과 관계

대부분의 문과생들이 머신러닝과 딥러닝의 대해 공부할 때, 가장 큰 혼란을 느끼는 두 개념이 명확하게 구분되지 않는다는 점이다. 이 책에서는 가장 큰 숲에서 출발하여 큰 나무의 줄기를 잡고, 각 개별 가지의 세부 내용은 별도의 장으로 분리하여 구체적인 내용과 사례는 각 장의 내용을 참고하도록 구성하였다. 이 장에서는 가장 큰 숲의 단계로서 인공지능, 머신러닝, 딥러닝의 개념과 관계를 쉬운 말로 개괄한다.

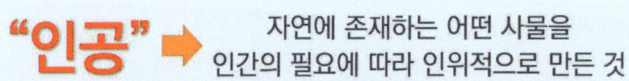

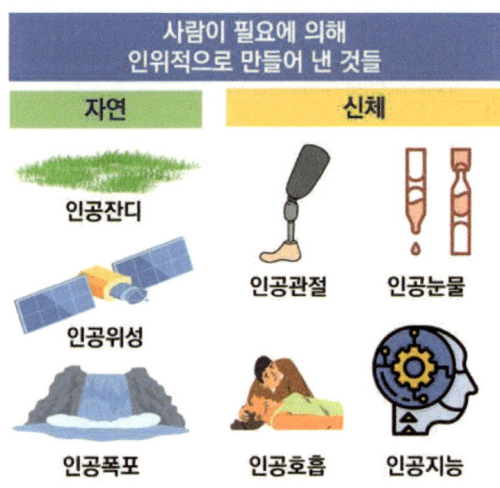

사람이 인위적으로 만든 '인공물'들을 나타낸 그림

먼저 인공지능에 대해 살펴보자. 인공잔디, 인공위성, 인공폭포 모두 자연에 존재하는 어떤 사물을 인간의 필요에 따라 인위적으로 만든 것을 의미한다. 인위적으로 만들 수 있는 것은 자연뿐만이 아니다. 인공관절은 사람의 관절을 인위적으로 만든 것이고, 인공눈물은 사람의 눈물을 인위적으로 만든 것이다. 더 나아가서 인공호흡은 호흡이 없는 사람에게 인위적으로 호흡을 주입해서 생명을 불어넣는다. 마찬가지로, 우리는 사람의 지능도 인위적으로 만들어낼 수 있고, 이를 우리는 **인공지능(Artificial Intelligence)**이라고 부른다. 이 지능은 실제 인간의 지능보다 훨씬 뛰어난 경우도 많아서 전설적인 프로 바둑기사보다 바둑을 더 잘 두기도 한다.

인공지능

기계에게 사람의 지능을 인위적으로 만들어서 넣어준 것

기계가 가지고 있는 인위적으로 만들어진 사람의 지능

인공지능은 인위적으로 만들어 낸 것이라고 했다. 인위적으로 만들었다는 것은 원래 지능이 존재하지 않는 대상에게 어떤 필요에 의해 만들어서 넣어주었다는 것이다. 사람은 원래 지능이 있으므로 당연히 지능을 인위적으로 만들 필요도 없다. 원래부터 지능이 없는 어떤 존재가 그 지능을 필요로 했기 때문일 것이다. 이런 존재에는 아마 대표적으로 '기계'가 있을 것이다.

여기까지 설명한 내용을 다시 풀어서 정리해보자. 인공지능이란, 기계에게 사람의 지능을 인위적으로 만들어서 넣어준 것이다. 다르게 말하면, 기계가 가지고 있는 인위적으로 만들어진 사람의 지능이 바로 인공지능이다.

여기서 우리는 또 한가지 궁금증을 갖게 된다. 기계가 인공지능을 갖기 위해선, 누군가 그 지능을 넣어주어야 한다. 그 기계가 지능을 잃지 않고 계속 갖기 위해선 그 지능을 계속 반복해서 넣어주어야 할 것이다. 말만 들어도 귀찮고 머리가 아프다. 우리는 수많은 귀찮음을 줄이기 위해 많은 것을 자동화한다. 우리는 꼭 음악이 듣고 싶은 어떤 날 멜론 스트리밍이 갑자기 끊기는 불상사를 막기 위해서 매달 자동결제를 설정한다. 내 소중한 돈 한 푼을 모은 적금 이자를 하루라도 놓치지 않기 위해서 자동이체를 설정한다. 매번 손님에게 메뉴를 묻고 듣고 받아적는 번거로움을 줄이기 위해 키오스크를 도입한다. 기계에게 매번 지능을 넣어주어야 하는 귀찮음을 어떻게 해결할 수 있을까?

　어떤 사람이 기계에게 매번 지능을 넣어주는 대신 기계가 알아서 스스로 지능을 만들어내면 된다. 다시 말하면, 우리가 매일 우리가 보고 듣고 느끼는 경험에 따라서 더 많은 지능을 스스로 학습하고 쌓게 되는 것처럼, 기계도 똑같이 할 수 있게 하면 된다. 즉, 기계도 인간처럼 스스로 학습해서 지능을 알아서 만들어내면 된다.

　'기계'라는 단어를 그대로 영어로 번역하면 머신(Machine)이다. '학습'이라는 단어를 그대로 영어로 번역하면 러닝(Learning)이다. 그래서 우리는 이처럼 기계가 스스로 학습하면서 인공지능을 알아서 만들어 내는 기술을 기계학습이라고 하고, 이를 그대로 번역하면 바로 **머신러닝(Machine Learning)**이다. 잘 생각해 보라. 인공호흡은 사람이 직접 불어넣을 수도 있지만 인공호흡기라는 기계가 대신 해주기도 한다. 사실 기계가 불어넣는 호흡이 사람이 불어넣는 호흡보다 사람을 더 오래 생존하게 한다.

> **기계**도 인간처럼
> 스스로 **학습**해서 지능을 알아서 만들어 낸다

기계 = Machine   **학습** = Learning

그런데 아무 생각도 감정도 없이 가만히 있는 기계한테 '너 얼른 학습해!'라고 시킨다고 해서 기계가 갑자기 벌떡 깨어나서 스스로 학습을 하지는 않는다. 우리가 멜론 스트리밍의 자동결제를 설정해주어야 그 이후 비로소 매달 자동으로 결제가 이루어지는 것처럼, 누군가 그 자동화를 설정해주어야 한다. 멜론에서 결제 시스템을 만들고 수정하는 개발자는 사용자가 더 편리하고 빠르게 자동결제를 설정할 수 있는 방법을 끊임없이 고민하고 만들어 낸다. 마찬가지로, 기계가 더 편리하고 빠르게 자동으로 학습을 할 수 있는 방법도 그 기계의 자동화 시스템을 만드는 개발자의 가장 큰 고민거리이다. 마치 자동결제의 역사가 무통장입금, 계좌이체를 거쳐 네이버페이, 카카오페이 간편결제로 발전해 온 것처럼, 기계가 더 편리하고 빠르게 자동으로 학습하게 하는 '머신러닝'의 방법도 수많은 여러 방법들을 거치며 점점 발진해 왔을 것이다.

그리고 그 발전의 정점에 있는 가장 획기적인 방법이 바로 '딥러닝'이라는 방법이다. 즉, '딥러닝'은 '머신러닝'의 여러 방법들 중 최근에 개발된 가장 획기적인 방법에 붙여진 이름이다. '딥러닝'이라는 방법의 내용은 몰라도 여기서는 일단 '딥러닝'이라는 이름만 알면 충분하다. 이 획기적이고 역사적인 방법의 의미와 개념에 대해서는 4장에서 소개할 것이다. 마찬가지로 머신러닝의 다른 여러가지 방법들에 대해서도 여기서는 소개하지 않고 3장에서 소개할 것이니 안심해도 된다. 이제 여기까지 설명한 내용을 아래와 같이 정리해 보자.

인공지능
기계에게 사람의 지능을 인위적으로 만들어 넣어서, 마치 사람의 지능을 가진 것처럼 행동하도록 만드는 기술

머신러닝(=기계학습)
기계에게 인공지능을 사람이 매번 일일이 넣어주는 것이 아니라 기계가 스스로 알아서 학습하고 만들어내게 하는 기술 (학습의 주체)

딥러닝
기계학습의 수많은 방법 중 최근에 고안된 획기적인 방법 (학습의 방법)

이 설명으로는 부족할 수 있으니 그림으로 그려보자. 인공지능이 가장 큰 범위를 가진 개념이고 딥러닝은 가장 디테일한 개념이다.

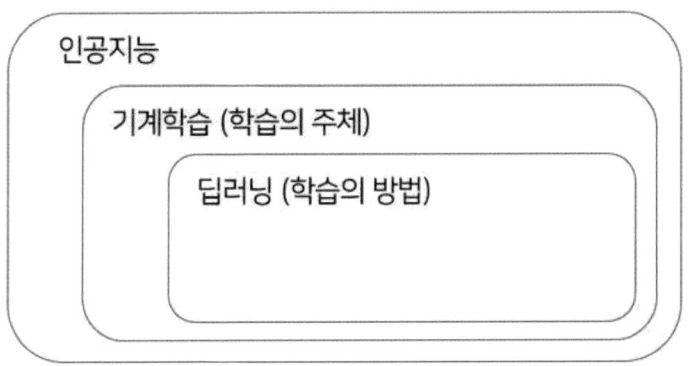

인공지능-머신러닝-딥러닝의 관계를 나타낸 그림

요컨대, 머신러닝의 역사는 오래되었지만, 그 발전 속도는 일정 수준에 계속 정체되어 있었으나, 최근 머신러닝의 획기적인 방법으로 딥러닝 기술이 개발됨에 따라 머신러닝의 성능이 비약적으로 상승하여 뜨거운 사회적 이슈가 되었고, 실생활의 여러 분야에 적용 가능한 고도의 머신러닝이 가능해진 것이다.

따라서 최근의 머신러닝은 거의 대부분의 머신러닝이 그 방법으로 딥러닝 기술을 채택하고 있으므로, 사실상 머신러닝과 딥러닝이 동일한 개념으로 인식되고 있다.

빠른 이해를 돕기 위해, 친숙한 사례를 비유적인 예시로 들자면 딥러닝이 없던 시절의 머신러닝은 '심심이', 딥러닝이 개발된 이후의 머신러닝을 '빅스비' 또는 '시리'라고 생각하면 쉽게 와닿을 것이다.

 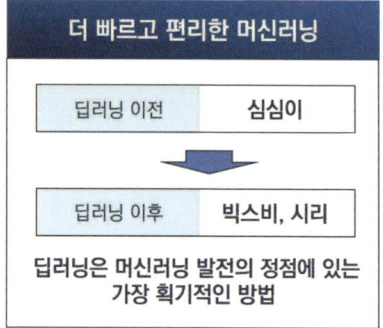

마치 자동결제처럼 편리하게 발전해온 머신러닝의 방법

2 머신러닝의 절차

기계의 배움에도 순서가 있다

앞 장에서 머신러닝은 기계가 스스로 학습하는 과정이라고 설명하였다. 우리가 공부를 할 때 읽고, 외우고, 정리하고, 문제를 푸는 절차가 있듯이, 기계가 학습하는 데에도 절차가 있다. 이 장에서는 그 절차에 대해 살펴본다.

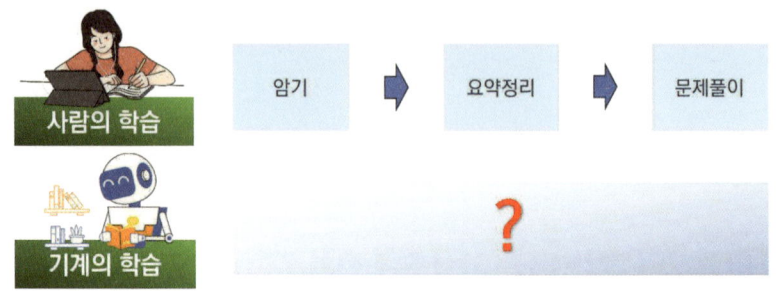

머신러닝을 한 번이라도 공부해 본 문과생이 혼란을 많이 느끼는 또다른 부분이 머신러닝의 개별 개념은 상당부분 이해하지만, 전체적인 큰 그림을 모르기 때문에 각 개념을 유기적으로 결합하여 이해하기 어렵다는 것이다. 이 장을 통해 전체적인 절차의 큰 그림을 이해할 필요가 있다. 머신러닝을 처음 배우는 독자들도 이후에 나올 세부 개념들을 이해하기 위해 큰 그림을 먼저 이해하면 좋다.

먼저, 머신에는 두 종류가 있다. 빅스비, 시리처럼 음성을 듣고 읽어주는 음성 머신, 은행이나 학교의 챗봇처럼 텍스트로 묻고 답할 수 있는 텍스트 머신이 그것이다. (챗봇 이전의 텍스트 머신에는 심심이도 있다.) 이 장에서는 머신러닝의 학습 주체인 머신의 예시로 음성 머신인 '빅스비'를 활용하여 각 절차를 살펴본다.

1 사용자의 음성 명령

사용자가 빅스비에게 '에어컨 켜 줘'라고 말한다.

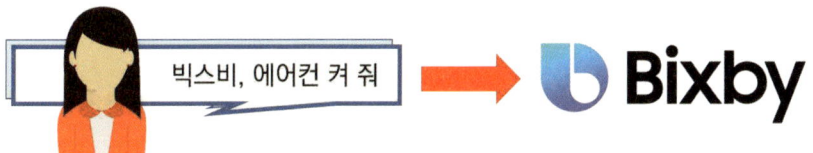

2 사전 작업: 사람의 음성을 컴퓨터가 알아들을 수 있는 데이터로 정제

 이 음성에는 주변의 소음이 섞여 있기도 하고, 연령, 성별, 주변 환경, 거리 등에 따라 음량, 어조, 톤 등이 제각기 다르다. 컴퓨터는 0, 1만 이해하기 때문에 수많은 자료를 컴퓨터에게 입력할 때는 0, 1로 변환해야 하는 것처럼, 빅스비도 일정한 규칙을 가진 데이터만 이해할 수 있다. 따라서 우리는 제각기 다른 수많은 사용자 음성들을 머신(빅스비)가 인식할 수 있는 일정한 규칙성을 가진 음성 데이터로 정제를 하기 위한 사전 작업이 필요하다. 이러한 정제 작업을 우리는 본격적으로 빅스비에게 사용자의 음성 명령을 전달하기 '이전'에 수행하는 '처리' 작업이라는 의미로 **전처리(Pre-Proccessing)**고 부른다.

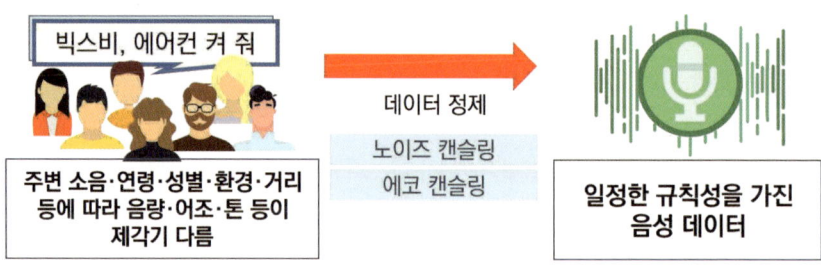

이 과정에는 주변의 소음을 제거하는 과정을 **노이즈 캔슬링(Noise Cancelling)**이라고 하고, 웅웅거리는 듯한 울림을 제거하는 **에코 캔슬링(Echo Cancelling)** 등의 과정이 포함된다. 쉽게 생각하면 소위 노래방의 '에코'를 떠올리면 된다. 즉, 전처리의 세부 작업에는 위의 두 작업이 포함된다.

3 데이터 다루기: 빅스비에게 정제된 데이터 이해시키기

 음성 데이터의 정제가 끝났다면, 빅스비도 결국 0, 1만 알아듣고 이해하는 컴퓨터의 일종이기 때문에, 우리는 정제 데이터를 빅스비라는 컴퓨터가 이해할 수 있는 0, 1 이진법 데이터로 바꿔 주어야 한다.

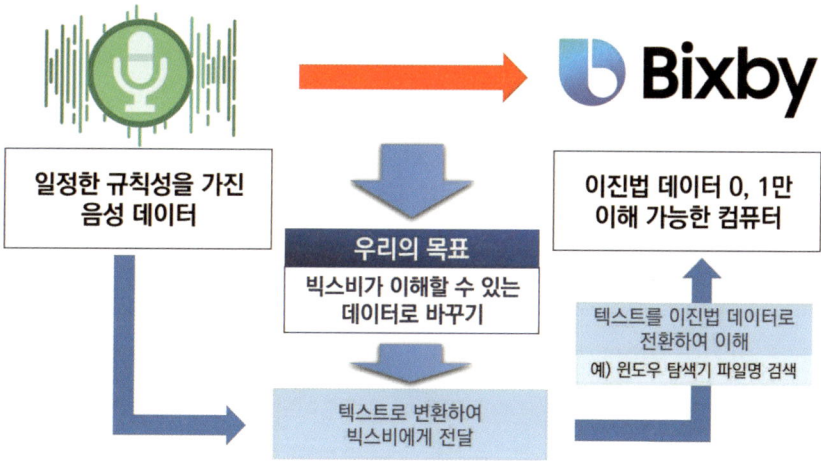

 즉, 우리의 목표는 우리가 정제한 음성 데이터를 빅스비에게 이해시키는 것이다. 그런데 우리는 음성 데이터를 즉시 빅스비에게 전달하는 것이 아니라, 중간 단계로서 이 데이터를 텍스트로 변환한 후 변환된 텍스트를 빅스비에게 전달하기로 한다. 다시 말하면, 우리는 이제 사람이 말한 음성 데이터를 빅스비라는 컴퓨터가 이해할 수 있는 텍스트로 바꿔 주어야 한다. 사실, 우리 주변의 수많은 컴퓨터는 음성보다는 텍스트를 이해하는 것에 훨씬 익숙하고, 우리도 컴퓨터에게 말이 아닌 텍스트로 이해시키는 것에 훨씬 익숙하다. 예컨대 우리가 컴퓨터에 텍스트로 명령하는 대표적인 사례로, 윈도우 탐색기에서 파일명을 입력하여 파일을 검색하는 것을 생각하면 된다.

그럼 이제 우리의 과제는 명확해졌다. 인간의 음성 데이터를 컴퓨터가 아는 텍스트 데이터로 전환해 주어야 한다. 이 과정을 쉽게 이해하기 위해, 편의상 데이터를 아래의 네 종류로 나눠 보겠다.

데이터 분석을 위해 필요한 네 종류의 데이터		
인간의 언어	인간의 음성	인간의 텍스트
기계의 언어	기계의 음성	기계의 텍스트

(목표: 인간의 음성 → 기계의 텍스트)

우리의 목표인 '인간의 음성'를 '기계의 텍스트'로 전환하려면, 두 종류의 백데이터가 필요한데, 음성 백데이터와 언어 백데이터이다. 음성 데이터는 사용자의 목소리를 컴퓨터가 알아들을 수 있는 목소리로 식별하기 위한 백데이터이고, 이렇게 '인간의 음성'과 '기계가 알아들을 수 있는 음성'을 셀 수 없이 많이 짝지은 음성 데이터의 집합을 **음성**

모델(Acoustic Model, AM)이라고 한다.

마찬가지로, '인간이 사용하는 텍스트'를 '기계가 이해할 수 있는 텍스트'로 식별하기 위해 '인간의 텍스트'와 '기계의 텍스트'를 셀 수 없이 많이 짝지은 단어 묶음들의 집합을 **언어 모델(Language Model, LM)**이라고 한다. 이를 다른 말로 **말뭉치(=Corpus)**라고 부른다. 낯선 용어들이 불쑥 튀어나와 걱정된다면, 여기서는 일단 이런 용어가 있다는 사실만 알고 넘어가도 충분하다. '모델'과 '말뭉치'라는 용어에 대한 자세한 설명은 5장에서 다룬다.

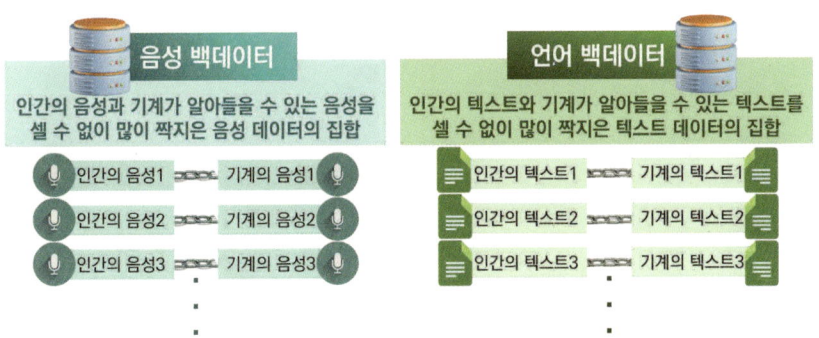

우리는 지금 머신러닝의 절차 중 **(3) 데이터 다루기: 빅스비에게 정제된 데이터 이해시키기** 단계를 보고 있다. 이 절에서 우리의 과제인 '인간의 음성' 데이터를 컴퓨터가 아는 텍스트 데이터('기계의 텍스트')로 전환하기 위해, 위에서 설명한 음성 모델('인간이 음성'-'기계의 음성'를 짝지은 데

이터 집합)과 언어 모델('인간의 텍스트'-'기계의 텍스트'를 짝지은 데이터 집합)은 내부의 복잡한 프로그래밍 로직(이 로직은 여기서는 알 필요가 없다. 언어 모델에 대해 궁금한 독자는 이 책의 5장을 참고하기 바란다)에 의해 서로 힘을 합쳐 협력하여 우리의 과제를 이루어 낸다. 지금까지의 과정을 거쳐 사용자의 음성(Speech)을 텍스트(Text)로 바꾸어 주는 기술을 **STT(Speech To Text)**라고 부른다.

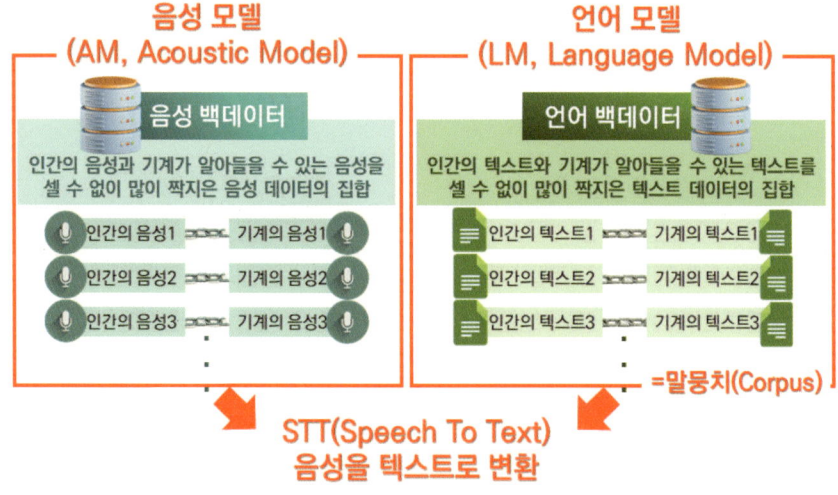

또한, 앞서 분류한 네 종류의 데이터 중, 사람이 '자연'스럽게 일상에서 사용하는 인간의 언어('인간의 음성', '인간의 텍스트')를 **자연어(Natural Language)**'라고 한다. 이 책에서 지금 필자가 독자분들께 설명하고 있는 이 텍스트 문장들도 자연어이고, 독자분들이 이 책을 읽고 '아, 그렇구

나!'하고 감탄한 그 음성도 자연어이다.

앞서 '인간의 음성'과 '인간의 텍스트'를 '기계의 음성'과 '기계의 텍스트'로 번역한 것처럼 이 자연어를 기계가 이해할 수 있도록 기계어로 변환(처리)하는 과정이 **자연어 처리(NLP, Natural Language Processing)**이고, 이렇게 변환(처리)된 자연어를 분석·조작·해석하여 기계가 이해하는 과정이 **자연어 이해(NLU, Natural Language Understanding)**이다. 따라서 자연어 이해는 자연어 처리의 하위 집합이며, 자연어 처리가 전제되어야만 자연어 이해가 가능하다.

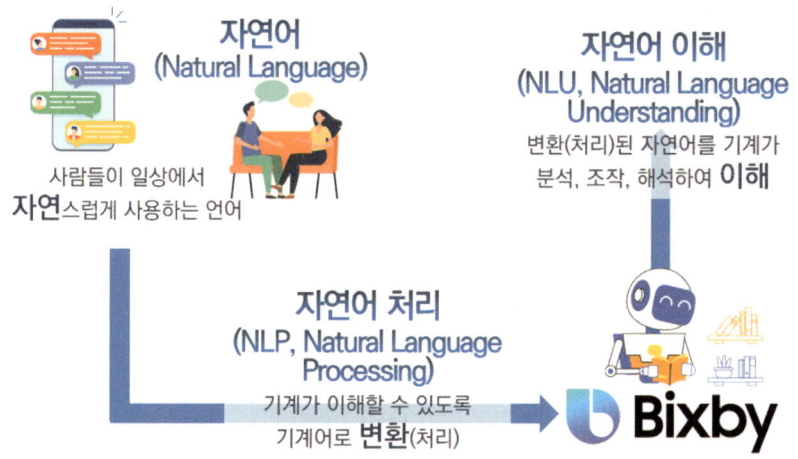

4 빅스비 이해력의 평가 및 학습

어느 날 빅스비는 앞의 과정을 거쳐 사용자의 음성 데이터를 이해하였다. 빅스비 개발자는 같은 날 "에어컨 켜 줘"라고 빅스비한테 얘기한 전국 방방곡곡의 수백 개 음성 명령들을 모아서 빅스비가 그 명령을 제대로 이해했는지 빅스비의 이해력을 평가해보고자 한다.

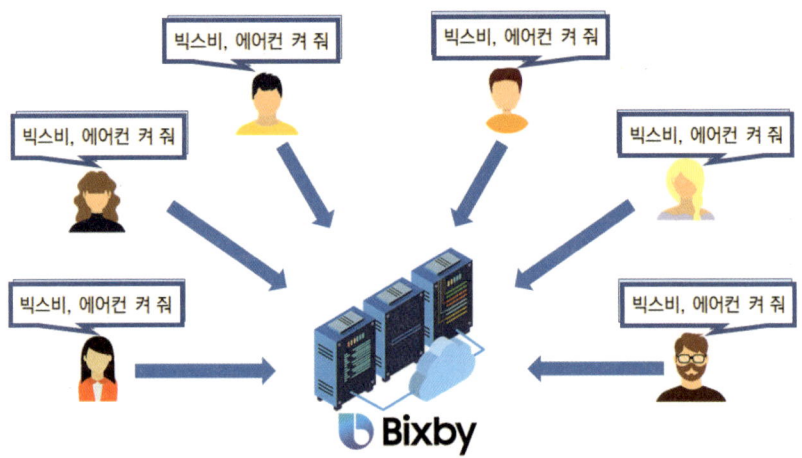

사실 전국 방방곡곡에서 수많은 사람들은 각자 자신이 가진 갤럭시에 있는 서로 다른 빅스비에게 이야기를 했다고 생각하지만, 알고 보면 그 수많은 빅스비의 메인 컨트롤타워는 한 곳에 집중되어 있다. 그리고 그 1곳의 컨트롤타워에는 서로 힘을 합쳐 빅스비에게 데이터를 이해시키는 음성모델과 언어모델이 각 1개씩 있다. 따라서 빅스비의 이해력은 이 음성모델과 언어모델의 성능이 좋으면 높아질 것이고 성능이 낮으면 떨어질 것이다. 정확도가 낮으면 각 모델을 다시 훈련(학습)시켜서 성능을 높여야 한다.

> **참고** **서버, 엔진, 백엔드와 프론트엔드**
>
> 위에서 설명한 빅스비의 컨트롤타워를 다른 말로 서버(Server)라고 부른다. 실제로 우리가 컨트롤타워를 걸어서 찾아가보면 엄청나게 큰 서버 컴퓨터가 있다(서버는 눈에 보이지 않는 가상의 무언가가 아니라 실제로 눈으로 보고 만질 수 있는 거대한 컴퓨터이다.).
>
> 그리고 컨트롤타워 역할을 하는 이 거대한 컴퓨터 안에는 음성모델과 언어모델이 서로 힘을 합쳐서 빅스비를 이해시키는 복잡한 로직을 가진 거대한 크기의 프로그램이 깔려 있는데, 이를 엔진(Engine)이라고 부른다. 마치 여러 부품들이 서로 힘을 합하여 자동차를 움직이는 자동차 엔진과도 비슷한 역할을 한다.
>
> 이처럼 우리 눈에 보이지 않는 저 '뒷편' 어딘가의 서버와 엔진을 개발하는 개발자들을 '백엔드(Back-End) 개발자'라고 부른다. 반면 빅스비처럼 우리 '눈앞'에 보이는 프로그램을 만들고 수정하고 그 성능을 높이기 위한 개발을 하는 사람들을 '프론트엔드(Front-End) 개발자'라고 부른다. 두 용어에 모두 포함된 End는 바로 그 힘든 개발 과정의 가장 마지막 결과로서 빅스비를 사용하는 우리를 가리킨다. 즉 백엔드 개발자는 눈에 보이지 않는 뒷편의 서버와 사용자를 연결하고, 프론트엔드 개발자는 눈에 보이는 프로그램(앱)과 사용자를 연결해주는 사람들이다.

만약 이 모델이 2021년 버전의 모델이라면, 사용자가 2022년 2월에 데뷔한 '엔믹스'의 노래를 들려달라는 명령을 수백 번 수천 번 해도, 당연히 그 모델에는 '엔믹스'라는 단어가 없기 때문에 오류율이 100%일 것이다. 모델에 '엔믹스'라는 단어를 추가하는 과정이 모델의 학습이다. 학습을 시킨 다음에는 아마 '엔믹스 노래 들려줘'라는 음성 명령을 분석하는 정확도가 대폭 상승할 것이다. 이렇게 그 모델의 성능이 만족스러울 때까지, 모델의 성능을 평가하고, 학습하는 과정을 계속 반복한다.

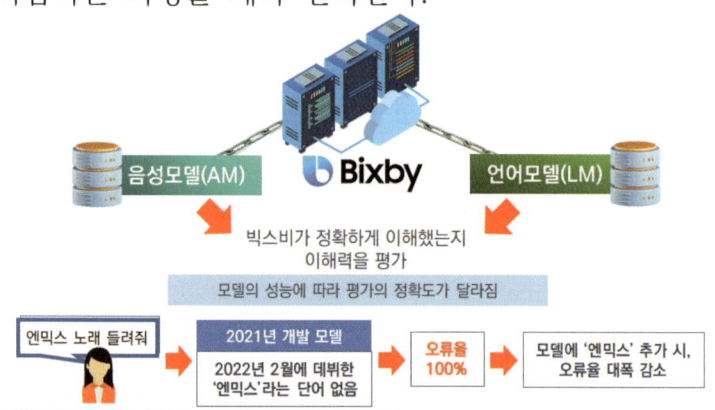

| 참고 | 사용자가 빅스비를 부를 때 발생하는 두 종류의 오류 |

1) 빅스비를 안 불렀는데 빅스비가 너무 예민해서 깨어나 버리는 오류
2) 빅스비를 불렀는데 빅스비가 너무 둔감해서 안 깨어나는 오류
두 오류는 서로 상충관계(trade-off. 트레이드오프)이기 때문에, 어느 하나의 오류율이 낮아지면 다른 하나의 오류율은 늘어난다. 이 민감도의 역치(threshold, 임계점)을 적절히 조절하여 두 오류율을 잘 조절하는 것이 개발자의 한가지 과제이다.

5 사용자에게 응답 전달

 이제 드디어 빅스비라는 컴퓨터(머신)은 사용자가 제일 처음에 얘기한 '에어컨 켜 줘'라는 음성 명령을 온전히 이해할 수 있게 되었다. 그러면 빅스비는 내부의 복잡한 프로그래밍 로직에 따라 적절한 응답을 찾아낼 것이다. (이건 별도의 영역이므로 알 필요는 없다.)

 빅스비에게 우리가 전달한 데이터는 텍스트이므로, 그 명령에 대해 빅스비가 찾아서 가져온 응답도 아마 텍스트일 것이다. 그런데 우리가 빅스비에게는 0과 1의 텍스트로 데이터를 바꾸어 전달하긴 했지만, 우리는 0과 1밖에 모르는 빅스비와는 달리 글을 읽을 수도 있고 소리도 들을 수도 있다. 따라서 빅스비가 이 응답을 사용자에게 다시 전달할 때는 자신이 찾아서 가져온 그 텍스트 데이터를 그대로 띄워줘도 되고, 이 텍스트를 마치 사람이 말을 하듯이 직접 음성의 형태로 읽어줘도 된다. 두 가지 방법 중 후자의 방법처럼 텍스트를 소리 나게 읽어주는 기술, 즉 텍스트를 음성으로 변환하는 기술을 **TTS(Text To Speech)**라고 부른다.

TTS 기술은 그 난이도가 STT에 비해 상대적으로 훨씬 쉽고, 우리가 예전부터 흔히 사용하는 웹사이트에도 많이 적용되어 있다. 네이버 사전에서 영어 단어를 읽어주는 것이 대표적인 사례이다.

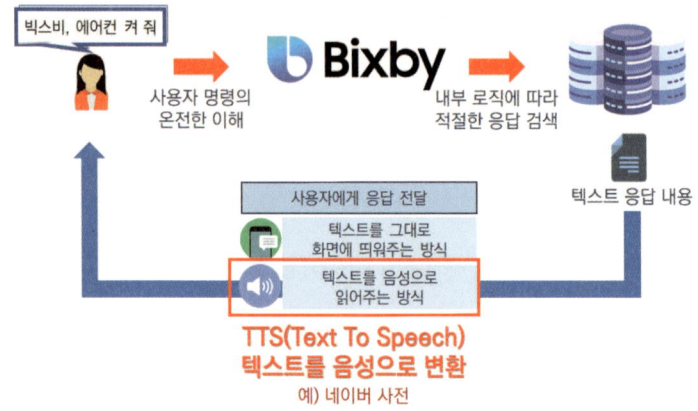

여기까지 설명한 음성 머신(빅스비)의 머신러닝 절차를 그림으로 요약하면 아래와 같다.

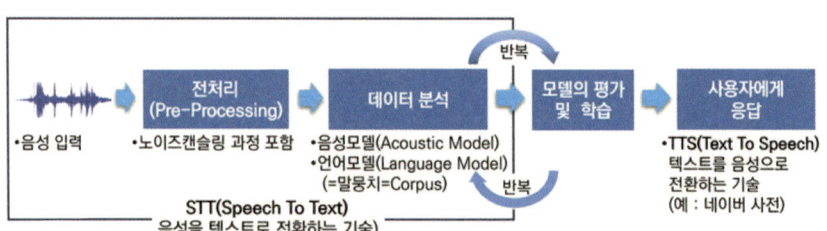

음성 머신(예: 빅스비)의 머신러닝 절차를 요약한 그림

여기서 우리는 앞에서 설명한 단계 중 **(3) 데이터 다루기: 빅스비에게 정제된 데이터 이해시키기** 단계는 '데이터 분석'이라는 말로 바꾸어 부르고, **(4) 빅스비 이해력의 평가와 학습**

은 '**모델의 평가와 학습**'이라는 말로 바꾸어 부르기로 한다. 텍스트 머신인 챗봇의 경우엔 애초에 사용자의 명령이 음성이 아닌 텍스트로 전달되므로 **(1) 전처리** 과정이 불필요할 것이고, **(3) 데이터 분석(데이터 다루기: 빅스비에게 정제된 데이터 이해시키기)**을 위한 모델에도 음성모델은 불필요할 것이다. 챗봇이라는 기계의 머신러닝 절차를 요약하면 아래와 같다.

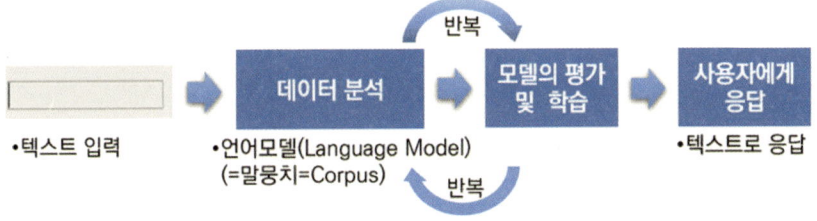

텍스트 머신(챗봇)의 머신러닝 절차를 요약한 그림

3

머신러닝의 방법론

앞서 딥러닝을 머신러닝(기계학습)의 여러 방법 중 최근 개발된 획기적인 하나의 방법이라고 설명하였다. 이 장에서는 그 '머신러닝의 여러 방법'에 대해 개괄한다.

1 머신러닝의 개념 다시 풀어쓰기

우선 그 시작으로 머신러닝의 개념을 다시 풀어 쓰고자 한다. 앞선 장에서 머신러닝의 뜻을 '학습의 주체' 관점에서 '인공지능을 사람이 일일이 넣어주는 것이 아니라 기계가 스스로 학습하게 하는 기술'이라고 설명한 바 있다. 이 문장을 기술적 의미를 반영하여 보다 구체적으로 다시 설명하자면 '기계가 어떤 작업을 수행할 때, 경험과 시행착오를 반복하면서 그 작업 효율을 높이는 과정'이라고 볼 수 있다.

예컨대 사람의 학습에 비유하자면, 자취생이 라면을 끓일 때 처음 끓일 때는 물의 양, 끓이는 시간, 스프와 면을 넣는 순서도 머리를 많이 써서 계산해야 하지만 여러 번 끓이는 경험이 많아지고 너무 싱겁거나 너무 짠 시행착오를 여러 번 겪게 되면 그 이후에는 물의 양도 척척 맞추고, 스프와 면을 넣는 순서뿐만 아니라 달걀이나 햄, 치즈 등의 토핑도 자유롭게 넣게 되면서 라면을 끓이는 시간도 줄어들고 그 맛도 한층 맛있어지게 되는 과정과 유사하다.

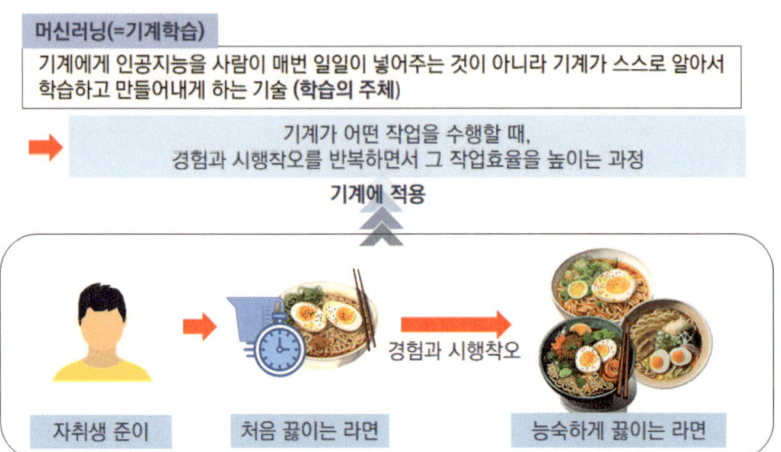

2 머신러닝의 여러 방법

 다음으로, '머신러닝의 여러 방법'들에 대하여 앞서 예시로 활용하였던 라면을 끓이는 작업에 비유해서 차례대로 살펴본다. 이해를 돕기 위해 편의상 가상의 자취생 '준이'라는 친구를 만들어 이 글로 데려온다.

 처음으로 자취를 시작한 준이는 라면을 처음 끓인 날, 라면 봉지에 쓰여 있는 설명서에 따라 계량컵을 이용해 물의 양을 맞추고, 스프와 면도 라면 봉지의 설명에 따라 넣고, 끓이는 시간도 타이머를 맞추어 정확하게 계산한다. 하지만 생활이 점점 바빠지면서 매번 라면을 이렇게 끓이기엔 머리도 너무 아프고 계량컵과 타이머를 매번 준비하기도 번거롭다. 여기서 준이는 라면을 잘 끓이기 위한 방법으로 두 가지 전략을 선택할 수 있다.

 한 가지는 유튜브에 '라면 빠르고 맛있게 잘 끓이는 방법'을 검색하는 것이다. 검색해 보니 엄청난 내공을 지닌 듯한 모습의 어떤 자취생이 라면 전문가를 자처하며, 라면의 본질과 특성에 대해 설명하고, 그 본질과 특성을 극대화하여 라면을 가장 맛있게 끓일 수 있는 최적의 토핑 조합(달걀, 청양고추, 국물, 면)을 공식화하여 굉장히 심플하면서도 과학적으로 설명하고 있다. 이런 라면 전문가의 내공에 감탄한 준이는 '최적의 라면 공식'에 놀라워하며 그대로 그 공식을 적용해 본다. 정말 놀랍고 신기하게도 내가 설명서를 보고 끓인 라면보다 훨씬 맛있음을 깨닫게 되었다.

한편, 또다른 한가지의 전략은 최적의 공식을 찾기 위해 유튜브의 힘을 빌리는 것이 아닌, 스스로 여러 종류의 조합을 시도해 보는 것이다. 예컨대 청양고추와 햄과 달걀을 전부 넣어 본다거나, 햄과 달걀만 넣어 본다거나, 아니면 청양고추와 햄과 쌈장을 넣은 조합을 시도해 볼 수도 있다. 이렇게 준이는 몇 종류의 조합을 시도해 보니 그 중에 가장 만족스러운 조합을 찾아냈다. 이는 유튜브를 통해 찾아낼 수 있는 '최적의 라면 공식'과 다를 수도, 같을 수도 있다. 또는 이 세상 어디에도 없는 준이만의 독창적인 라면 공식이 될 수도 있다.

여기서 첫 번째 전략을 **지도학습(Supervised Learning)**, 두 번째 전략을 **비지도학습(Unsupervised Learning)**이라고 한다. 지도학습은 말 그대로 누군가 지도해주는 내용을 그대로 학습한다는 뜻이다. 비지도학습은 지도해 주는 사람 없이 스스로 학습한다는 뜻이다. 만약 두 가지 방식을 섞어서 스스로, 몇 가지 조합을 반복적으로 시행하여 나만의 최적 라면 공식을 만들어 가는 와중에 그 완성도를 높이기 위해 어느 유튜버가 제안한 최적의 라면 공식을 참고하여 이를 나만의 공식에 반영하였다면 이는 두 가지 전략이 절반씩 섞인 **반지도학습(Semi-supervised Learning)**이 된다.

우리는 지금 '머신러닝의 여러 방법론'에 대해 살펴보고 있다. 지금까지 살펴본 머신러닝의 방법론의 분류 기준은 작게는 '지도자의 유무'에 따라 분류한 것이고, 크게는 '학습의 방식'(지도에 따르는 방식, 스스로 만들어 내는 방식,

스스로 만들어 내는 와중에 지도자의 의견을 참고하는 방식)에 따라 분류한 것이다. 하지만 '학습의 방식'에 따라 분류한 머신러닝의 방법론은 '지도자의 유무'에 따른 앞 절의 세 가지 방법론과 별개로 '강화 학습'이라고 부르는 또 다른 방법론이 있다. 이에 대해 간단히 살펴본다.

강화 학습은 쉽게 비유하자면 게임에서 미션과 퀘스트의 달성률에 따라, 캐릭터의 능력치가 점점 '강화'되는 방식의 학습이라고 생각하면 된다. 예컨대, 자취방을 넘어 '내 꿈은 라면왕'이라는 가상의 게임 세계에 들어와서 라면집 사장이 된 준이가 그 게임 세계에서 여러 퀘스트와 그에 따른 보상을 미션으로 부여받는다고 하자.

라면집 매출이 월 100만 원씩 증가할 때마다 라면과 토핑이 월 100개씩 무료로 제공된다거나, 월 1000만 원을 넘게 되면 그때부터는 매출이 100만 원씩 증가할 때마다 라면과 토핑이 월 150개씩 무료로 제공된다거나, 3년 연속 연 매출 1억 원을 달성하면 3년 뒤에 지점이 하나 늘어난다는 등의 퀘스트와 보상이 그 예시이다. 여기서 '최고의 라면왕'이 되고픈 준이가 각 보상의 총합을 최대화할 수 있는 최적의 플레이 방식을 찾아내어 게임 레벨을 '강화해 가는' 방식의 학습이 **강화 학습(Reinforcement Learning)**'이다.

지금까지 설명한 머신러닝의 방법들을 요약하면 아래와 같다.

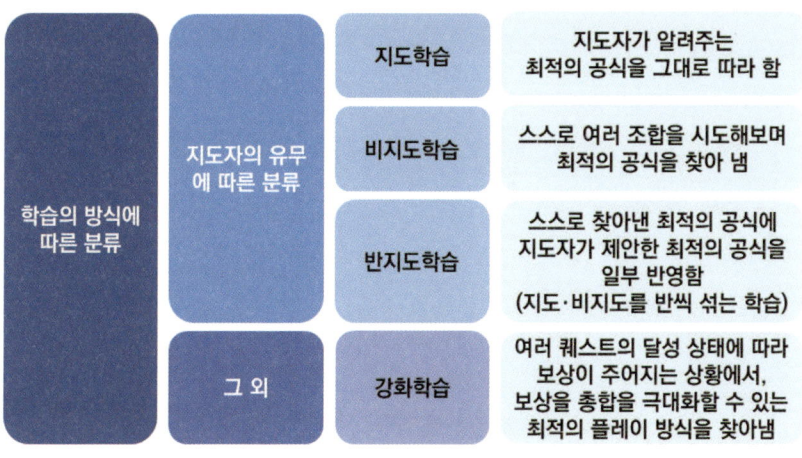

학습의 방식에 따라 분류한 머신러닝의 방법

4 딥러닝의 이해

1 알고리즘의 개념

앞서 3장에서는 머신러닝의 여러 방법에 대해 살펴보았다. 마지막 요약한 표에서 알 수 있듯이, 머신러닝의 목표는 각 방법을 활용하여 최적의 공식을 찾아내는 것이다. 예컨대 준이가 라면을 가장 맛있게 끓이는 최적의 재료 조합을 찾아내는 것처럼 말이다.

살짝 거부감이 드는 기억이겠지만, 우리는 학창 시절 일차방정식을 풀기 위해 좌변에 있는 수식을 우변으로 넘기거나, 이차방정식을 풀기 위해 근의 공식을 배웠던 적이 있다. 머신러닝도 마찬가지로 각 방법마다 최적의 해(=근)를 찾기 위한 고유의 풀이 방법이 있는데, 이를 **알고리즘(Algorithm)**이라고 부른다.

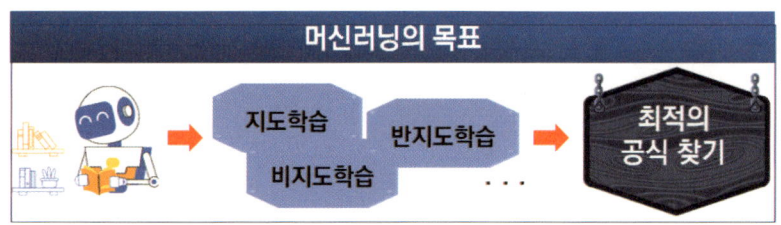

2 딥러닝의 개념

하나의 수학 문제에도 여러 가지 풀이 방법이 있듯이, '지도학습'이라는 머신러닝 문제의 풀이 방법인 '알고리즘'에도 여러 가지가 있다. 앞서 머신러닝이란 기계가 스스로 학습하면서 알아서 인공지능을 만들어내는 기술이라고 설명하였다. 이를 다시 말하면, 머신러닝이란 기계가 인공지능을 배우는 기술이다. 즉, 머신러닝의 본질은 인공지능이다. 초밥의 본질은 생선이고, 샌드위치의 본질은 빵이다. 생선이 없는 초밥은 더 이상 초밥이 아닌 밥알 덩어리일 뿐이고, 빵이 없는 샌드위치는 더 이상 샌드위치가 아닌 그냥 썰어놓은 햄과 야채들에 불과하다. 마찬가지로 인공지능이 없는 머신러닝은 그냥 고철 덩어리 머신에 불과하다.

풀어야 하는 여러 문제들과 그 풀이 방법

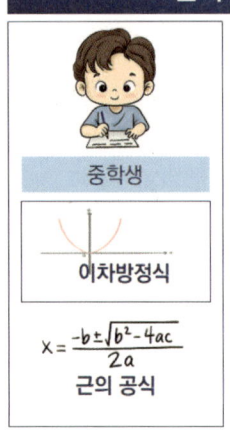

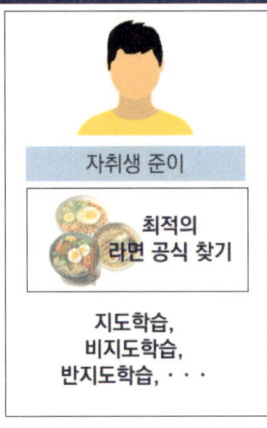

인간의 지능은 '뇌'에서 비롯된다. 이를 본떠서 인위적으로 만든 인공지능도 인간의 '뇌'를 본떠서 인위적으로 만든 '인공 뇌'에서 비롯될 것이다.

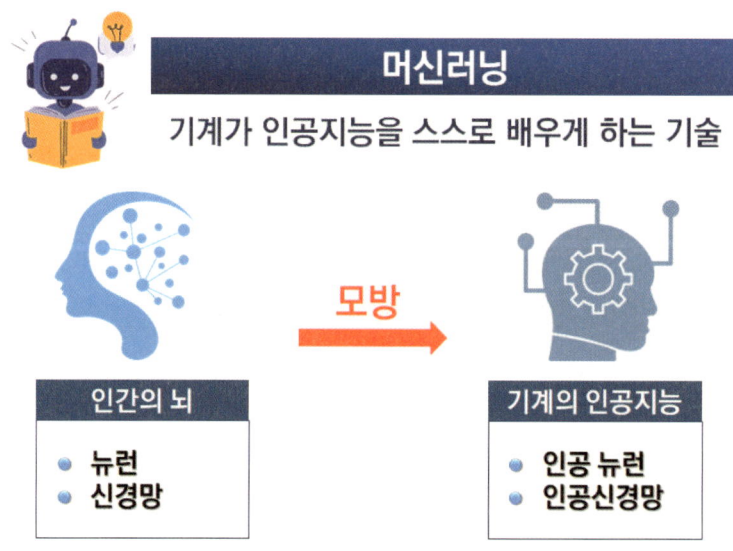

　또다시 머리가 지끈거리는 얘기이겠지만 인간의 뇌는 '뉴런'이라는 세포로 구성되어 있다. 뉴런들은 서로 연결되어 자극과 흥분을 전달하여 반응을 유발하는 인간의 '신경망'을 구성한다. 인간의 지능을 본떠서 만든 지능을 인공 지능이라고 하고, 인간의 뇌를 본떠서 만든 뇌를 인공 뇌라고 하듯, 인간의 신경망을 본떠서 만든 신경망을 **인공신경망(Artificial Neural Network, ANN)**'이라고 부른다. 즉, 인공신경망은 말 그대로 인간의 신경망의 구조를 인간이 아닌 컴퓨터에 '인공적'으로 동일하게 구현한 것을 뜻한다.

그리고 이러한 신경망을 여러 겹으로 깊게 쌓은 알고리즘을 **딥러닝(Deep Learning)**이라고 부른다. 즉 사전적 정의로서 딥러닝은 2개 이상의 신경망을 겹겹이 쌓은 **다층 신경망(Deep Neural Network, DNN)**을 의미한다. (딥러닝의 'Deep'은 신경망의 깊이를 의미하는 것이고, '깊은 통찰력'이나 '깊은 깨달음'을 의미하는 것이 아니다.)

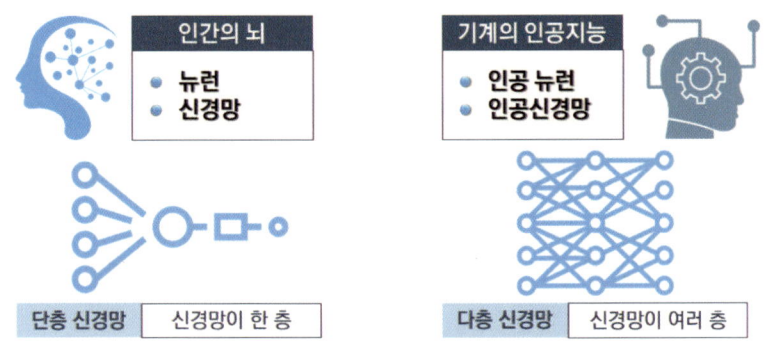

딥러닝은 기계학습의 여러 방법론 중 '지도학습'을 풀기 위한 알고리즘의 한 종류이다. 사실 인공신경망 분야는 오랫동안 다른 여러 알고리즘에 밀려 사장되다시피 한 알고리즘이었는데, 딥러닝의 등장으로 인해 극적으로 위상이 바뀐 분야이고, 1장에서 설명한 것처럼 딥러닝은 오랜 기간 정체되어 있던 머신러닝의 발전 속도를 비약적으로 상승시켰다.

이제 딥러닝의 구체적 내용을 살펴보자. 딥러닝이란, 참과 거짓을 판단할 수 있는 수많은 값들의 집합에서, 참·거짓을 가르는 기준과 해당 값들 간의 오차 계산과 역계산을 반복하면서, 그 기준값을 조금씩 수정해 가면서 참인 데이터와 거짓인 데이터의 정확한 경계선을 만들어 가는 기술이라고 요약할 수 있다.

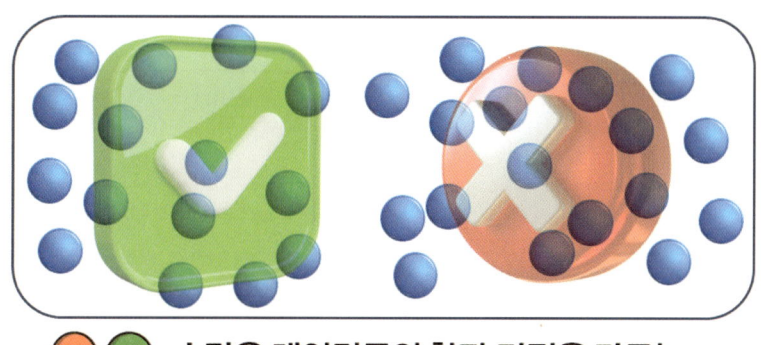

 수많은 데이터들의 참과 거짓을 가르는 정확한 경계선을 만들어가는 기술

해당 문장을 다시 풀어 쓰자면, 여러 데이터들의 집합에서 참에 가깝다고 볼 수 있는 데이터들을 한데 모으고, 그렇게 모인 데이터 집합에서 다시 가장 참에 가깝다고 볼 수 있는 데이터들을 한데 모으고, 그렇게 또 모인 데이터 집합에서 또다시 가장 참이라고 볼 수 있는 데이터들을 한데 모으고, 그렇게 분류한 참 데이터가 적당하지 않다고 생

각되는 경우 앞서 적용한 참과 거짓의 기준값을 다시 수정하여 탈락시켰던 이전 데이터를 다시 참 집합에 포함시키거나, 참으로 판단했던 데이터를 다시 탈락시키는 등의 절차를 수차례 반복하면서 점진적으로 참 데이터 집합과 거짓 데이터 집합의 경계를 명확히 만들어 가는 과정이다. 여기서 참과 거짓을 판단하는 기준을 **임계점(threshold)**이라고 부른다.

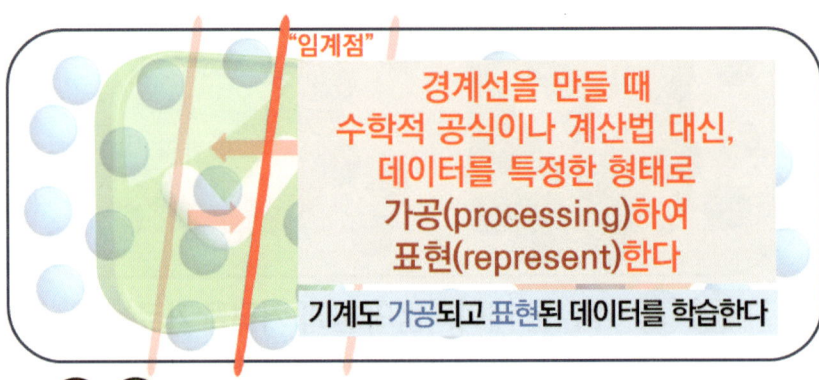

 수많은 데이터들의 참과 거짓을 가르는 정확한 경계선을 만들어가는 기술

하지만 무엇보다도 딥러닝의 가장 핵심적인 요소는, 위 과정의 각 단계에서 참·거짓을 판단하는 기준으로 일반적인 수학적 공식이나 계산법을 적용하는 대신, 판단의 대상이 되는 수많은 정보들을 특정한 형태로 **가공(processing)**하여 **표현(representation)**한다는 데 있다. 따라서 자연스럽게 기

게 기계가 학습하는 데이터도 이렇게 특정한 형태로 가공되어 표현된 데이터들이다.

3　딥러닝의 예시: 과자 공장

별 모양 과자 공장

　이해를 돕기 위해 별 모양 과자를 만드는 어떤 과자 공장을 예시로 활용한다. 이 공장에서는 하루에 공장에서 생산되는 수백 개의 과자 조각들 중에서 가장 완벽한 별 모양에 가까운 과자 조각들만 선별하여 판매하는 것을 가장 중요한 목표로 여긴다.

목표　완벽한 별 모양의 과자 조각만 선별하여 판매

어느 날 공장에서 생산된 과자 조각들 → 공장 내부의 까다로운 별 모양 기준 → PASSED 판매 / FAILED 폐기

　따라서 공장 내부에는 과자 조각이 판매 가능한 별 모양인지 '합격' 또는 '탈락'시키는 내부의 까다로운 별 모양 기준이 있고, 이에 부합하는 과자 조각만 합격시키고 실제 판매하게 되며, 그에 미달하여 탈락된 과자 조각은 폐기시킨다(이 기준을 앞서 설명한 용어로 바꾸어 부르면 '**임계점**

(threshold)'이 된다).

다행히 이 공장은 기술자들의 수준이 높아 생산 과정에 머신러닝 기술이 적용되어 있으므로, 별 모양 합격여부를 판단하는 과정이 사람의 손을 거치지 않고 기계가 자동으로 데이터들을 판단하여 분류할 수 있다.

딥러닝이 적용되지 않은 별 모양 과자 공장

먼저, 딥러닝이 적용되지 않는 머신러닝 공장을 생각해보자. 이 공장에서는 별 모양의 판단 기준으로 해당 공장만의 고유한 계산 공식으로 도출한 '별모양 정확도'를 활용한다.

먼저 해당 공장에서 여태껏 총 생산된 수억 개의 과자 조각들을 기준으로 산출한 '통산 별모양 정확도'값이 있다. 그리고 어느 날 생산한 수백 개의 과자 조각들을 대상으로 하여 '오늘의 별모양 정확도' 값을 산출한다. '통산 별모양 정확도'와 '오늘의 별모양 정확도'를 비교하여, 오늘 생산된 과자조각들 중 통산 별모양 정확도에 가장 가까운 과자 조각들만 합격시켜 포대에 담고, 그 외의 조각들은 폐기시킨다. 그리고 포대에 담은 조각들을 대상으로 다시 한번 '별모양 정확도'값을 계산해 내서 이를 다시 '통산 별모양 정확도'값과 비교하여 '통산 별모양 정확도'에 가장 가까운 조각들만 또 다시 합격시켜 새로운 포대에 담는다.

만일 '통산 별모양 정확도'와 어느 날의 별모양 정확도 사이의 차이가 지나치게 크거나 작아서 그 차이를 기준으로 합격여부를 판단하기가 적절하지 않다고 생각되는 경우 합격 기준이 되는 차이의 정도를 계속 수정해 나가면서 별모양의 합격과 탈락을 가릴 수 있는 명확한 경계를 산출해 낸다.

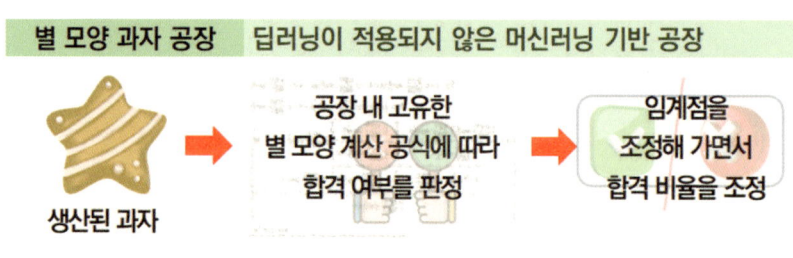

딥러닝이 적용된 별 모양 과자 공장

데이터를 이미지로 가공하여 표현하는 딥러닝 기술이 적용된 머신러닝 과자 공장에서는, 우선 해당 공장에서 여태껏 총 생산된 수억 개의 과자 조각들을 모두 이미지화하여 사진의 형태로 저장해 놓고, 해당 이미지들을 비교하고 규칙성을 찾아 '통산 별모양 정확도'값을 도출해낸다.

그리고 어느 날 생산된 과자 조각들을 각각 이미지화하여 한데 모아 놓고 '오늘의 별모양 정확도'값을 도출해낸다. 그리고 앞서 딥 러닝이 없던 공장과 마찬가지로 '통산 별모양 정확도'에 가장 가까운 과자 조각들만 합격시켜 포대에 담는다. 그리고 포대에 담긴 조각들의 이미지를 한 데 모아서 그 이미지들의 규칙성을 찾아 별모양 정확도를 계산해 내고, '통산 별모양 정확도'에 가장 가까운 과자 조각들을 다시 합격 포대에 넣는다.

만일 '통산 별모양 정확도'와 어느 날의 별모양 정확도 사이의 차이가 지나치게 크거나 작아서 그 차이를 기준으로 합격여부를 판단하기가 적절하지 않다고 생각되는 경우 합격 기준이 되는 차이의 정도를 계속 수정해 나가면서 별모양의 합격과 탈락을 가릴 수 있는 명확한 경계를 산출해낸다.

4 딥러닝의 강점: 규칙이 없는 데이터 다루기

우리가 일상에서 흔히 만나는 실업률, 자살률, 백분위, 학점, 토익 성적, 가격 등의 데이터는 일정한 규칙과 모양을 갖고 있는 경우가 대부분이다. 자살률이나 실업률은 퍼센트(%)라는 단위로 표현될 수 있고, 토익 성적은 990점 이하의 어떤 점수일 것이다. 가격은 원(₩)이라는 화폐 단위로 표시되고, 자동차의 속력은 km/h라는 단위로 표현된다. 데이터는 문자로도 표시될 수 있어서 오늘의 날씨는 맑음, 흐림, 비, 눈 등의 문자로 표현되고, 쇼핑몰 고객의 등급은 'VIP-골드-실버-브론즈'와 같은 형태로 표현된다. 숫자나 문자가 아닌 데이터도 있다. 신호등은 빨강, 녹색, 주황 등의 불빛이 규칙적으로 깜빡이면서 우리가 시각을 통해 인지하게 되고, 음식의 맛도 짜거나, 싱겁거나, 달거나, 쉬었거나 라는 미각의 형태로 인지하게 된다.

반면 정해진 규칙이나 모양이 없이, 그 생김새와 표현 방

식이 제각각이어서 미리 약속된 방식으로 정리하거나 분류할 수 없는 데이터들도 있다. 예컨대 이미지, 영상, 웹 페이지, 통화 녹취록, 설문조사 응답, 블로그 포스팅, SNS 타임라인, 상품 리뷰 등이다.

처음에 설명한 일정한 규칙과 모양이 정해져 있어서 약속된 방식으로 정리하거나 분류하기 편리한 데이터를 **정형 데이터(Structured Data)**라고 부른다. 반면 후자와 같이 일정한 규칙이나 모양이 없이 그 생김새가 제각각이어서 미리 약속된 방식으로 정리하거나 분류할 수 없는 데이터를 **비정형 데이터(Unstructured Data)**라고 부른다. 그리고 딥러닝이 두각을 드러낼 수 있는 분야가 바로 이러한 비정형 데이터를 분석하고 활용하는 영역이다.

여러 모양 과자 공장

예컨대 앞서 과자 공장의 사례에서, 갑자기 판매되는 과자 공장의 종류가 다양해져서 이제는 별 모양뿐만 아니라 반달 모양, 꽃 모양, 하트 모양, 트리 모양 등의 과자를 종합하여 판매하게 되었다고 하자.

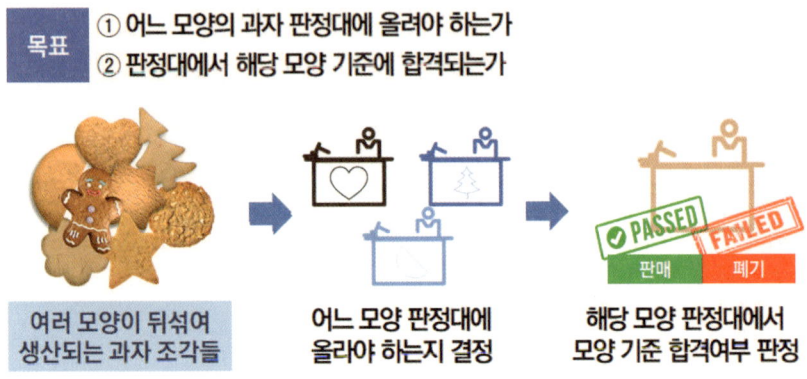

하지만 공장에서 생산된 과자 조각은 모양별로 분류되어 생산되는 것이 아닌, 모든 모양의 과자 조각들이 불규칙하게 뒤섞여 생산되기 때문에, 이를 모양별로 나누고 또 각 과자 조각이 엄격한 모양 기준에 부합하는지 모양의 정확도까지 판별하는 두 가지의 과제를 동시에 해결하는 것이 중요하게 되었다.

따라서 이제는 특정 모양의 '정확도'와 함께 각 모양들이 서로 명확히 구분되는 '분리도'라는 기준이 새로 필요하다. 여기서 '분리도'란 생산된 과자 조각이 어떤 모양 과자의

'정확도 판정대'에 올라가야 하는지를 결정하는 기준을 말한다. 예컨대, 새로 생산된 과자 조각이 별 모양에 가까운 모양이어서 '별 모양 정확도' 판정대에 올라가면 합격을 받을 수 있음에도, 그 전에 '분리도' 계산이 잘못되어 '하트 모양 정확도' 판정대에 잘못 올라간다면 불합격을 받게 되는 불상사가 일어날 수 있기 때문이다.

딥러닝이 적용되지 않은 여러 모양 과자 공장

딥러닝이 없는 공장이라면, 별 모양 하나의 과자만 생산했을 경우 공장에서 자체적으로 사용하는 고유한 별 모양 정확도 공식만 반복하여 계산하여도 합격의 기준이 되는 임계치(=통산 별모양 정확도와의 차이의 정도)의 조절을 여러 차례 반복하면서 별 모양의 합격과 탈락을 가르는 경계를 명확하게 할 수 있을 것이다.

하지만 과자 조각의 모양이 다양해지면 해당 모양의 '정확도'를 판단하기 이전에, 서로 다른 각 모양이 구분되는 '분리도'를 활용하여 과자 조각이 과연 여러 모양의 판정대 중에서 어떤 모양의 정확도 판정대에 올라가야 하는지까지 살펴보아야 한다.

'분리도'에 따른 판정대 분류와 함께, 특정 모양의 판정대로 분류된 과자의 해당 모양 '정확도'까지 살펴봐야 하는 상황에서는 이제는 개별 모양의 수학적 공식만 활용하여 과자 조각을 분류하기엔 계산 과정도 방대해지고 계산 시간도 상상할 수 없게 커져 버렸다. 아마 과자 조각이 수만 개, 수십만 개를 넘어서게 되면 아무리 성능이 좋은 컴퓨터여도 그 계산 속도와 시간이 한계를 갖게 될 수밖에 없을 것이다.

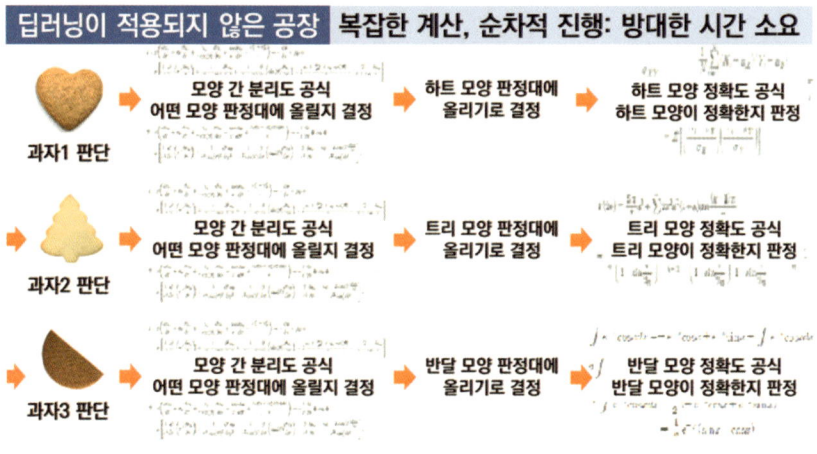

딥러닝이 적용된 여러 모양 과자 공장

하지만 여기에 딥러닝 기술을 적용한다면, 우선 각 모양별 과자조각을 이미지 형태의 데이터로 저장하고 이미지로 저장된 과자 조각들 사이의 규칙 및 특성을 스스로 반복적으로 학습하고 데이터화하여 '각 모양마다의 차이의 정도(통산 분리도)'와 '동일한 모양들 내의 정확도(통산 정확도)' 등을 계산해 낼 수 있다.

그리고 새로 생산되는 과자 조각들을 동일한 형태의 이미지 데이터로 전환하여 각 조각 이미지마다 계산된 '모양의 분리도'과 모양의 정확도' 값을 앞서 계산한 '통산 분리도' 및 '통산 분리도'과 비교하여, 과자 조각을 여러 모양의 정확도 판정대 중 올라가야 할 판정대에 알맞게 올리는 과정과 그렇게 올라간 어떤 모양의 정확도 판정대에서 그 모양이 정확한지 합격 여부를 판단하는 과정을 동시에 효과적이고 빠르게 진행할 수 있게 된다.

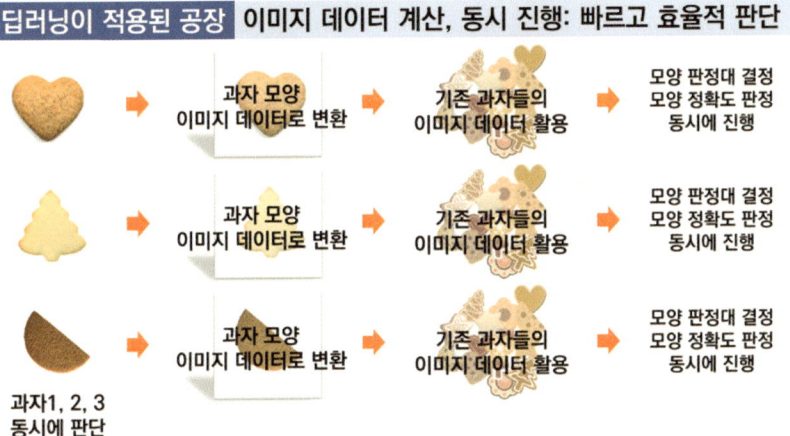

내용 요약

　여기까지의 내용을 정리해 보자. 하나의 작업 진행을 하나의 신경망이라고 할 때, 딥러닝은 동시의 여러 겹의 작업이 진행하므로 여러 겹의 신경망을 지녔기에 신경망의 깊이가 깊다. 반면 딥러닝이 적용되지 않은 경우 한 번에 하나의 작업만 진행이 가능하므로 신경망이 1개뿐이다.

　따라서 딥러닝이 적용되지 않은 공장은 판단해야 하는 생산된 과자가 늘어날수록 전체 과자를 모두 판단하는 데에는 방대한 시간이 소요되지만, 딥러닝은 여러 작업을 동시에 가능하기 때문에 생산된 과자가 많아지더라도 빠른 판단이 가능하다.

5 자연어 처리

1 자연어의 개념

앞서 2장에서도 설명하였듯, **자연어(Natural Language)**란 사람이 자연스럽게 일상에서 사용하는 인간의 언어를 의미한다. 인간의 언어는 문자로도 표현할 수 있고 말로도 표현할 수 있다. 이 책에서 자연어의 개념에 대해 설명하고 있는 이 문장은 문자로 표현된 자연어이고, 여러분이 이 책을 읽으면서 이렇게 자연어의 개념이 심플했는지 놀라고 있는 그 감탄은 말로 표현된 자연어이다.

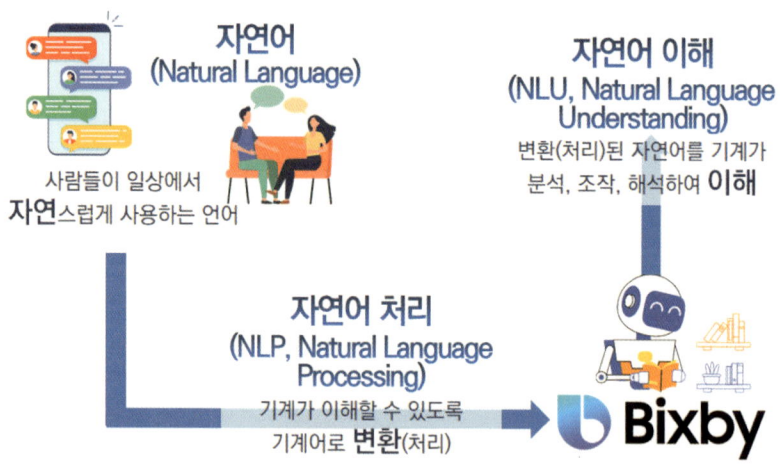

인간의 언어인 자연어를 기계가 이해할 수 있도록 기계의 언어로 처리(변환)하는 과정이 '**자연어 처리(NLP, Natural Language Processing)**'이고, 이렇게 처리(변환)된 자연어를 분석, 조작, 해석하여 기계가 이해하는 과정이 '**자연어**

이해(NLU, Natural Language Understanding)'이다. 따라서 자연어 이해는 자연어 처리의 하위 집합이며, 자연어 처리가 전제되어야만 자연어 이해가 가능하다.

2 자연어 처리의 개념

자연어 처리는 인간의 언어인 '자연어'를 컴퓨터가 분석하고 조작하여 해석하고 이해할 수 있도록 컴퓨터의 언어로 '변환'하는 기술이다. 다르게 말하면 기계의 일종인 컴퓨터에게 인간의 언어를 이해하는 능력을 학습시키는 기술이므로 당연히 머신러닝 기술의 한 종류이다. 이렇게 언어를 변환시키는 과정을 **처리(Processing)**라고 부르기 때문에 이 기술의 이름이 '자연어 처리'라고 붙여지게 되었다.

인간의 언어인 자연어는 음성일 수도 있고, 텍스트일 수도 있다. 음성 자연어에는 영상 속에서 대화하는 사람들의 목소리나, 라디오 속 아나운서의 음성, 뉴스를 진행하는 앵커의 멘트 등이 속한다. 텍스트 자연어에는 블로그나 SNS에 작성된 글, 이메일의 내용, 메신저 속 메시지 등이 포함된다. 기계어 또한 자연어와 마찬가지로 음성으로 된 기계어와 텍스트로 된 기계어가 존재한다. 따라서 '자연어 처리'의 기술도 인간의 음성 언어를 기계의 음성 언어로 변환하는 기술과 인간의 텍스트 언어를 기계의 텍스트 언어로 변환하는 기술의 두 종류가 있다. 전자의 예로는 음성인식 비서인 빅스비와 시리가 대표적이고, 후자의 사례로는 챗

GPT, 마이크로소프트의 Copilot 등과 같은 챗봇이나 대화형 인공지능이 있다.

자연어 처리 기술

하지만 그 외에도 자연어 처리가 적용되는 분야는 다양하고 방대해서, 모든 음성 자연어와 문자 자연어를 그 변환의 대상으로 하기 때문에, 이메일, 문자 메시지, SNS 피드 등의 문자 언어 및 동영상, 오디오 등의 음성 언어도 자연어 처리의 대상이 된다. 그리고 앞서 자연어가 '자연스럽게 일상에서 사람들이 사용하는 언어'라고 설명한 부분에서도 알 수 있듯 자연어는 비단 한국어에만 그치는 것이 아니라, 세계 각국의 다양한 언어를 그 대상으로 한다. 또한 한국어에 한정하여 보더라도 자연어는 표준어뿐만 아니라 방언, 속어 등의 비표준어를 모두 포괄하는 개념이다.

따라서 자연어 처리는 이러한 다양한 음성 자연어와 텍스트 자연어를 동일한 형태와 규칙을 지닌 데이터로 변환함으로써 그 분석과 조작을 용이하게 하고, 복잡하고 반복적인 작업을 단순화·자동화한다는 점에 그 의의가 있다.

또한 자연어 처리는 인간의 언어를 컴퓨터의 언어로 변환하기 위한 기술이므로, 자연스럽게 그 기술 내부에는 언어학, 국어학, 음운학, 문헌정보학 등 다양한 인문학적 이론이 활용되는데, 이는 수학·통계학, 컴퓨터공학·프로그래밍, 경영·경제학, 커뮤니케이션 역량 및 인문학적 소양을 두루 필요로 하는 학문인 **데이터 사이언스(Data Science)**의 발전과도 큰 관련이 있다(이 학문의 구체적인 내용은 여기서는 다루지 않는다).

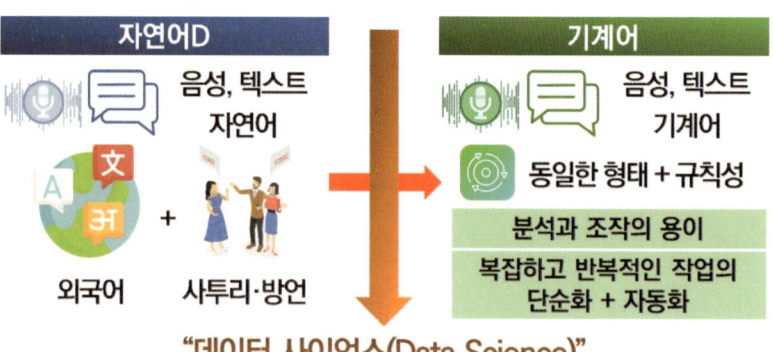

3 자연어 처리의 활용 분야

다음으로 자연어 처리가 실제 적용되고 활용되는 분야에 대해 살펴본다.

1. 정보 검색(IR, Information Retrieval)
활용 분야 검색 엔진, 도서관 관리 시스템

구글, 네이버 등의 검색 엔진을 만드는 데에는 **정보 검색(IR, Information Retrieval)**이라는 기술이 활용된다. 정보 검색은 인터넷에 존재하는 수없이 많은 텍스트 문서들 중에서 유저가 입력한 검색 키워드와 가장 유사도가 높은 문서들을 찾아내는 기술을 뜻한다.

사실 정보 검색의 기원은 도서관이다. 도서관에서 내가 찾고자 하는 책의 청구기호를 확인하고, 서가에서 해당 청구기호가 있는 곳으로 가면 그 책을 찾아 꺼내올 수 있다. 이는 마치 검색 엔진에서 내가 찾고자 하는 자료의 키워드를 입력하고, 그 키워드와 가장 근접한 자료들이 검색 결과에 표시되는 것과 같은 이치이다.

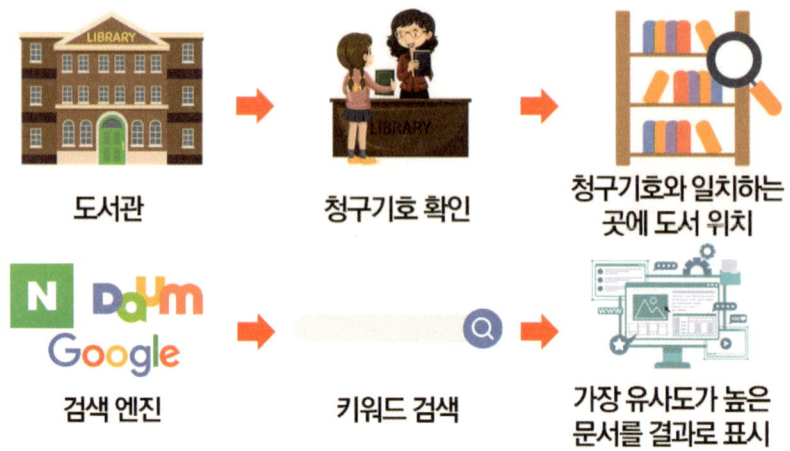

이제 실제 사례를 통해 검색 엔진에서 일어나는 정보 검색의 과정을 살펴보자. 어떤 유저가 구글에 '제주도 흑돼지 맛집'이라고 검색했다고 하자. 이때 유저가 입력한 이 키워드를 **질의(Query)**라고 부른다. 검색엔진은 이 질의를 '제주도', '흑돼지', '맛집'이라는 세 개의 단어로 분리한다.

그리고 검색 엔진은 예컨대 아래와 같은 유형의 로직에 의해 인터넷상의 존재하는 문서들의 연관도를 계산해 낸다.

아래 제시한 예시에서는 곱셈에서 0인 값이 하나라도 있으면 그 결과는 0이 되므로, 만일 세 단어 중 한 단어라도 포함되지 않은 문서라면 그 문서의 연관도는 0이 된다.

$$\text{문서의 연관도} = \frac{\text{'제주도'라는 단어의 개수}}{\text{문서 내 전체 단어의 개수}} \times \frac{\text{'흑돼지'라는 단어의 개수}}{\text{문서 내 전체 단어의 개수}} \times \frac{\text{'맛집'이라는 단어의 개수}}{\text{문서 내 전체 단어의 개수}}$$

여기서는 이해의 편의를 돕기 위해 위와 같이 간단한 수식을 예시로 들었지만, 실제 검색엔진은 검색 속도를 빠르게 하고 사용자가 원하는 결과를 정확하게 보여주기 위해 내부의 복잡한 검색 로직에 따라 연관도를 계산해 낸다.

즉, 검색 엔진은 세 개의 단어가 포함된 문서들을 인터넷 상에서 찾아내고, 그렇게 찾아낸 문서들의 연관도를 복잡한 검색 로직에 따라 계산해 낸다. 그리고 연관도가 가장 높은 순서대로 문서들을 검색 결과 화면에 보여준다.

만약 '제주도 흑돼지 맛집'이라고 검색하는 사람들이 전국 방방곡곡에 셀 수 없이 많아서 위와 같은 과정을 반복하는 것이 검색 엔진이라는 머신에 큰 무리를 준다고 판단하면, 검색엔진의 개발자는 위와 같은 과정을 불필요하게 반복하지 않도록 해당 검색 과정을 **책갈피(Bookmark)** 또는 **색인(Index)**의 형태로 구현하여 검색 속도를 빠르게 한다. 마치 우리가 책을 읽을 때 자주 읽는 곳에 책갈피를 꽂아 두고 다음에 책을 꺼내 읽을 때 책을 뒤적일 필요 없이 바로 그 위치로 찾아갈 수 있는 것과 같은 이치이다.

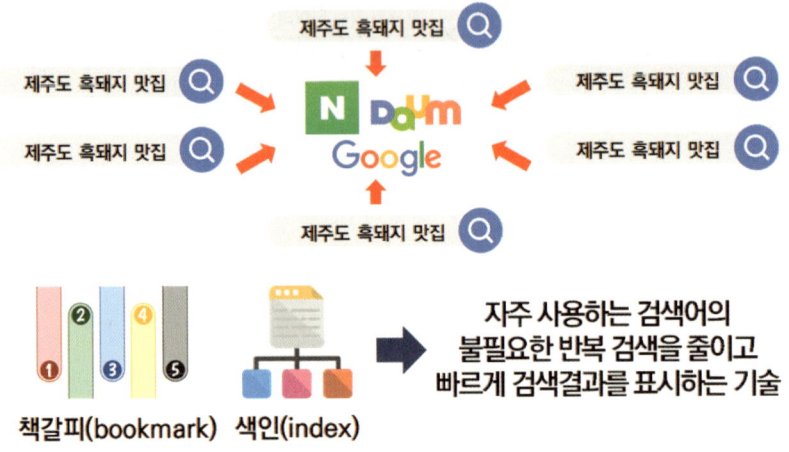

그리고 이러한 색인(Index)의 개념은 질의(Query)를 통해 데이터베이스(Database)를 검색하는 모든 기술(예컨대 SQL(Structured Query Language))에서 성능을 높이는 데 핵심적인 요소가 된다.

여기서는 검색엔진을 통해 정보검색 기술에 대해 살펴보았지만, 사실 정보검색 기술은 검색 엔진뿐만 아니라 일상의 여러 분야에서 친숙하게 활용되고 있다.

가장 원시적인 정보검색

 도서관 자료 찾기　　 윈도우 탐색기 파일 검색

비정형 데이터 검색

꽃 검색　　사물 검색　　음악 검색　　이미지 검색

 가장 친숙한 예시로 윈도우 탐색기에서 파일을 입력하여 해당 파일명과 가장 연관성이 높은 파일을 찾아내는 기능도 정보 검색이며, 앞서 설명하였듯 가장 원시적인 정보 검색은 도서관에서 원하는 자료를 찾는 데에서 출발하였다. 또한 최근에는 노래 검색, 이미지 검색, 꽃 검색 등 정보검색의 활용 범위가 단순히 자연어 텍스트나 음성의 범위를 넘어서 사진, 영상 등 **비정형 데이터**(Unstructured Data)의 영역까지 확장되고 있다.

2. 감정 분석(Sentiment Analysis)

| 활용 분야 | 마케팅, 고객 관리, 시장 조사, 리뷰 분류 |

텍스트로 된 자연어를 분석하여 메시지의 어조에서 느껴지는 감정이 긍정적인지, 부정적인지, 중립적인지를 확인하는 기술을 **감정 분석(Sentiment Analysis)**이라고 한다.

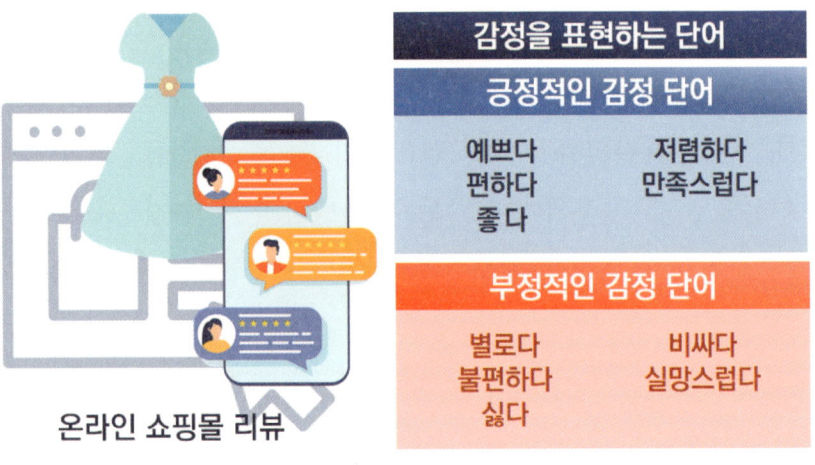

온라인 쇼핑몰 리뷰

예를 들어, 어떤 의류 쇼핑몰의 마케팅 담당자가 감정 분석을 통해 새롭게 출시되어 판매 중인 원피스의 고객 만족도를 고객 리뷰를 통해 파악하려고 한다고 하자. 신상 원피스를 구매한 소비자들은 리뷰를 작성할 때 자신이 원피스를 구매한 후 느끼는 감정을 다양한 방법으로 표현할 것이다. 이렇게 소비자의 감정이 다양한 방식으로 표현된 단어를

'감정 단어'라고 한다면, 담당자는 먼저 전체 리뷰 속의 이러한 '감정 단어'들 중에서 긍정적인 단어들과 부정적인 단어들을 각각 별개의 리스트로 작성한다.

예컨대 긍정적인 단어 리스트에는 '예쁘다', '편하다', '좋다', '저렴하다', '만족스럽다' 등의 단어들이 있을 것이고, 부정적인 단어 리스트에는 '별로다', '불편하다', '싫다', '비싸다', '실망스럽다' 등의 단어들이 있을 것이다.

하지만 동일한 리스트에 속해 있다고 하더라도 예컨대 '별로다'와 '실망스럽다'는 분명히 그 부정적인 정도에 차이가 있을 것이므로, 마케팅 담당자는 다양한 표현에서 느껴지는 감정의 가중치를 객관화하여 반영하기 위해 각 단어들에 대해 감정 점수를 부여한다. 감정을 더 강하게 표현하는 단어일수록 더 높은 감정 점수가 부여될 것이다.

가중치를 반영하여 감정 단어에 감정 점수 부여			
긍정 단어	감정 점수	부정 단어	감정 점수
예쁘다	+3	별로다	-2
편하다	+1	불편하다	-1
좋다	+2	싫다	-2
저렴하다	+1	비싸다	-1
만족스럽다	+3	실망스럽다	-3

그리고 담당자는 첫째로는 모든 리뷰들에 등장하는 단어들의 감정 점수를 합산하여 신상 원피스에 대한 전반적인 고객들의 만족도를 파악하고, 둘째로는 앞서 단어별로 부여한 가중치를 활용하여 그러한 만족도의 주된 원인을 파악하여 앞으로의 제품 기획 및 마케팅 전략에 반영한다.

$$= \frac{\text{긍정 감정 점수}}{\text{리뷰 속 전체 단어의 수}} = \frac{(\text{긍정 단어의 수} \times \text{단어별 감정 점수})\text{의 합}}{\text{리뷰 속 전체 단어의 수}} = \frac{\text{부정 감정 점수}}{\text{리뷰 속 전체 단어의 수}} = \frac{(\text{부정 단어의 수} \times \text{단어별 감정 점수})\text{의 합}}{\text{리뷰 속 전체 단어의 수}}$$

$$\text{전체 감정 점수} = \text{긍정 감정 점수} + \text{부정 감정 점수}$$

여기서는 이해를 돕기 위해 위의 간단한 공식을 예시로 제시하였지만, 실제로는 각 기업마다 고유의 내부의 복잡한 프로그래밍 로직에 따라 감정 점수를 계산하며, 그 계산 방법도 기업마다 각기 다르다는 사실에 유의하기 바란다.

만약 감정 점수를 계산한 결과 담당자가 기대한 수준보다 감정 점수가 낮아 전반적인 고객의 만족도가 불만족스럽다고 파악되었다고 한다면, 담당자는 불만족의 원인을 파악하여 개선해야 한다. 만약 리뷰에 사용된 부정적인 감정 단어들을 나열하였을 때 전체 리뷰에 '불편하다'라는 단어는 거의 등장하지 않는 반면 '비싸다'라는 단어가 자주 등장한다면 그러한 불만족의 원인은 원피스의 소재나 핏이 아니라 가격 때문임을 파악할 수 있을 것이다.

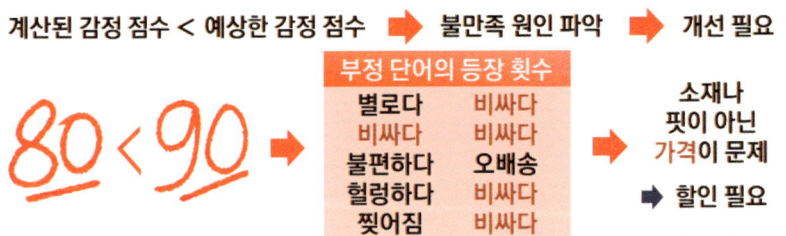

부정적 리뷰의 원인 파악을 위한 단어 빈도 확인

앞서 살펴본 바와 같이 많은 기업들은 감정 분석을 마케팅에 주로 활용한다. 고객들이 남긴 리뷰나 메시지들을 파악하여 고객 서비스를 개선하는데 활용하거나, SNS나 블로그, 뉴스 등에서 제품이나 기업에 대해 언급하는 메시지들의 감정을 분석하여 기업과 브랜드가 시장과 고객에서 어떤 이미지로서 어떻게 평가받는지 파악하거나, 여러 마케팅 기법을 시도해보았을 때 어떤 마케팅이 실제로 효과가 좋았는지, 또 제품을 사용한 소비자들이 느끼는 불만족의 수준은 얼마나 되고 주된 불만의 원인은 무엇인지, 고객들이 기대하고 바라는 제품은 무엇인지를 파악하여 기업이 앞으로 출시할 제품과 추진할 마케팅 전략을 결정하는 등 감정 분석은 기업의 마케팅 분야에 폭넓게 활용되고 있다.

3. 데이터의 대량 처리, 분류 및 검색	
활용 분야	의료 데이터, 금융 데이터, 법률 데이터 등 민감정보 관리

앞서 자연어 처리 기술의 장점은 단순화와 자동화라고 설명한 바 있는데, 이는 사람이 직접 수행하기 어려운 작업을 기계가 대신 수행한다는 의미이다.

자연어 처리	사람이 직접 처리하기 어려운 작업을 단순화, 자동화하여 기계가 대신 수행
사람이 직접 처리하기 어려운 작업	● 난이도·효율 측면: 복잡하고 반복적인 작업 ● 법·규범적 측면: 보안 위험성이 큰 민감한 데이터

그런데 어떤 작업을 사람이 수행하기 어렵다는 의미에는 그 작업이 복잡하고 반복적이라는 난이도와 효율 측면에서의 어려움도 있지만, 법과 규범에 비추어 보았을 때 위험성이 큰 민감한 데이터를 직접 다루고 분석해야 하는 윤리적·규범적 측면에서의 어려움도 포함된다. 앞선 내용에서는 전자의 관점에서 자연어 처리 기술의 장점을 설명하였지만,

여기서 설명하는 내용은 후자의 관점에서 살펴본 자연어 처리의 장점이다.

최근 개인정보 보호의 중요성이 증대되고 그에 따라 개인정보를 수집하고 다루는 작업에 대해서도 수많은 법적·제도적 규제가 생겨나게 되면서, 개인정보를 수집하고 다루는 담당자에 대해서도 높은 책임과 의무가 요구되고 있다. 또한 의료, 금융, 법률 등 분야를 막론하고 대부분의 데이터가 전산화되어 시스템 단위로 관리되면서, 민감한 개인정보를 담고 있는 데이터베이스 시스템의 체계적 관리와 보안이 중요해졌다.

- 개인정보 보호의 중요성 증가
- 개인정보 보호 법률과 규제의 강화
- 개인정보 담당자의 책임과 의무 강화

- 민감한 개인정보 데이터베이스의 체계적 관리 및 보안 기술
- 암호화·복호화 기술

이러한 시대적 변화와 맞물려 민감한 데이터를 대량으로 처리하고, 분류하고 검색하는 데 자연스럽게 단순화와 자동화를 장점으로 하는 자연어 처리 기술이 폭넓게 활용되고 있으며, 그 범위에는 개인정보를 식별이 불가하도록 암호화하여 저장하고 필요시 다시 해석할 수 있는 상태로 복원하

는 정보보호 및 암호화·복호화 기술이 포함된다.

4. 음성인식(Voice Recognition) 비서, 챗봇(Chatbot), 대화형 인공지능
활용 분야 고객 서비스, 무인 상담, 맞춤형 개인화 서비스

오늘날 수많은 학교와 은행, 기업들에서는 챗봇과 음성인식 비서를 자신들의 제품과 서비스에 적용하여 고객 서비스에 폭넓게 활용하고 있다. 갤럭시와 아이폰에서 만날 수 있는 빅스비와 시리, 안드로이드 폰에서 만날 수 있는 구글 어시스턴트, 네이버의 클로바(Clova), 아마존의 알렉사(Alexa), 카카오의 헤이카카오(Hey Kakao)를 비롯해 이제는 어느 가정집에서도 쉽게 볼 수 있는 수많은 IT 기업들의 음성인식 스피커 등이 그 사례이다.

챗봇 서비스는 365일 24시간 상담이 가능한 고객센터를 만들었고, 정신노동과 감정노동이 사회적 이슈가 되는 시대에 감정이 없는 기계를 사람을 대신하는 상담원으로 만들게 되었다. 또한 수많은 음성인식 비서와 인공지능 음성 스피커들은 소비자의 취향과 관심사를 정확히 파악하여 각 고객 개인별로 맞춤화된 서비스를 제공하고 있다. 아울러 챗GPT(ChatGPT), 마이크로소프트의 코파일럿(Copilot), 구글의 제미니(Gemini), 네이버의 클로바X(Clova X)와 큐

(Cue)와 같은 대화형 인공지능은 새로운 비즈니스 모델로 각광받고 있다.

2장의 머신러닝 절차에서 설명한 것처럼 이러한 음성인식 비서, 챗봇과 대화형 인공지능은 그 기술적 기반이 **STT(Speech To Text)**이며, 인간의 언어인 자연어를 기계의 언어로 변환하기 위한 자연어 처리 기술이 핵심적인 역할을 수행한다. 앞서 2장에서 활용하였던 빅스비의 사례를 통해 그 내용을 살펴본다.

어느 날 빅스비 사용자가 '엔믹스 노래 들려줘'라고 빅스비에게 말한다. 빅스비는 2장에서 살펴본 전처리 과정을 거쳐 데이터를 정제하고, 언어 모델(LM)과 음성 모델(AM)은 함께 힘을 합하여 인간의 언어를 기계의 언어로 변환하는 일련의 자연어 처리 작업을 수행한다. 앞서 2장에서는 **언어 모델(LM, Language Model)**을 다른 말로 **말뭉치(=Corpus)**라고 부른다고 설명한 바 있는데, 사실 엄밀히 말하면 언어 모델과 말뭉치는 다른 개념이다.

2장에서 사용했던 표를 다시 가져와서 2장의 내용을 다시 보다 정확하게 설명해 보겠다. **말뭉치(=Corpus)**란 이 표의 네 종류 데이터에서 '인간의 텍스트'를 기계가 이해할 수 있는 텍스트('기계의 텍스트')로 식별하기 위해 '인간의 텍스트'와 '기계의 텍스트'를 셀 수 없이 많이 짝지은 단어 묶음들의 집합을 의미한다.

데이터 분석을 위해 필요한 네 종류의 데이터			
인간의 언어	인간의 음성		인간의 텍스트
기계의 언어	기계의 음성	목표 →	기계의 텍스트

자연어와 기계어의 종류

반면 언어 모델이란, 이 말뭉치를 기초로 하여 사용자가 빅스비에게 말한 명령과 가장 가까운 기계어를 찾게 해주는 '내부의 복잡한 프로그래밍 로직'(2장에서 언급한 바 있다)을 의미한다. 컴퓨터공학에서 일반적으로 **'모델(Model)'**이라고 하면 내부의 복잡한 프로그래밍 로직을 통해 특정한 값을 계산해 내는 거대한 계산기라고 이해하면 쉽다.

즉 언어 모델은 자연어를 기계어로 번역해주는 거대한 계산기이고, 말뭉치는 그 계산기에서 활용되는 일종의 백데이터라고 볼 수 있는데, 계산의 대상이 '언어'이므로, 언어모델은 거대한 번역기, 말뭉치는 번역을 위해 활용되는 기초 단어장이라고 생각하면 쉽다. 빅스비를 활용한 간단한 사례를 통해 이 내용을 살펴본다.

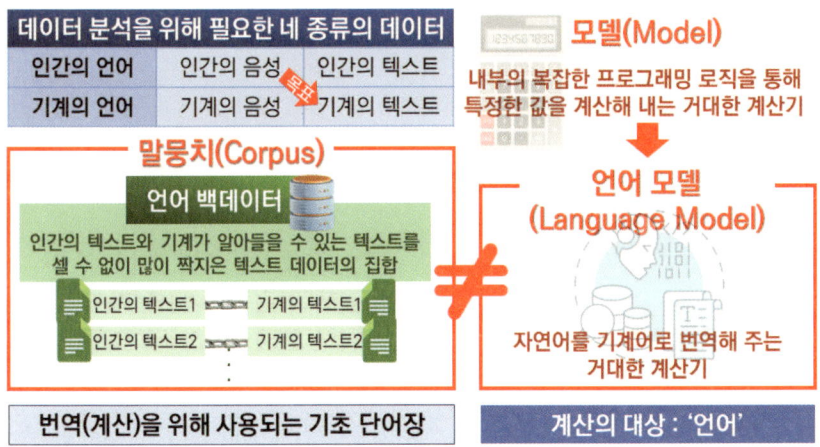

어느 날 어떤 사용자가 빅스비에게 '버스 타려면 어디가 가까워?'라고 물었다고 하자. 빅스비는 우선 위의 문장을 '버스', '타려면', '어디가', '가까워'의 4개의 단어로 분리한

다. 이 때 각각의 단어를 gram이라고 하며, 여기서는 4개의 gram이 존재하므로 4-gram 언어모델이 된다. 단어(=gram)의 개수가 N개인 경우를 **N-gram 언어모델**이라고 한다.

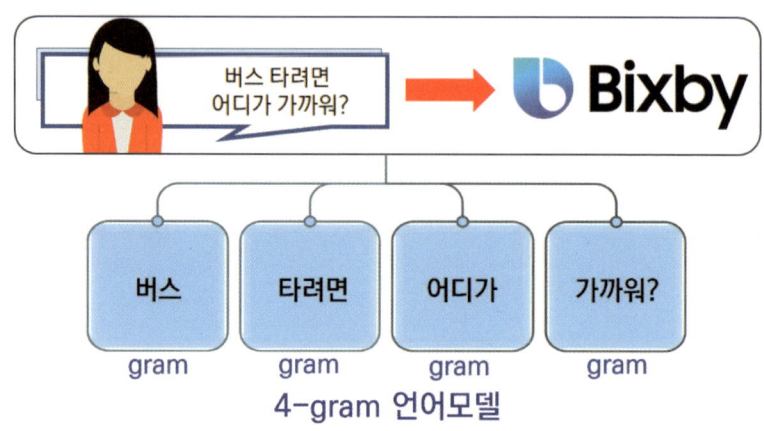

4-gram 언어모델

이 언어모델은 가장 처음으로 '버스'를 해석해야 한다. 언어모델이라는 번역기 내의 수많은 단어장 안에는 '버스' 외에도 '버찌', '버섯', '거즈' 등 그와 비슷한 모양과 소리를 같은 단어가 있을 것이다.

언어모델은 이때 해석해야 할 gram과 각 단어장 사이의 유사성을 계산하여 가장 높은 순으로 정렬한다. 예를 들어 사용자가 말한 첫번째 단어(gram)와 비교하였을 때, 단어장의 단어들 중 '버스'가 유사성 98%, '버찌'가 80%, '버섯'이 60%, '거즈'가 50%가 나오고 그 외에 단어들은 50% 이하의 유사성을 가졌다고 하자. 그러면 언어 모델은 사용자가 말한 첫번째 단어(=gram)을 '버스'로 해석한다. (만약 사용자가 말한 단어가 '랑깡꿍깡뚱따룽쿵'이었다면 이 단어는 아마 단어장에 존재하지 않을 것이므로 죽었다 깨어나도 빅스비는 이 단어를 해석하지 못할 것이다.)

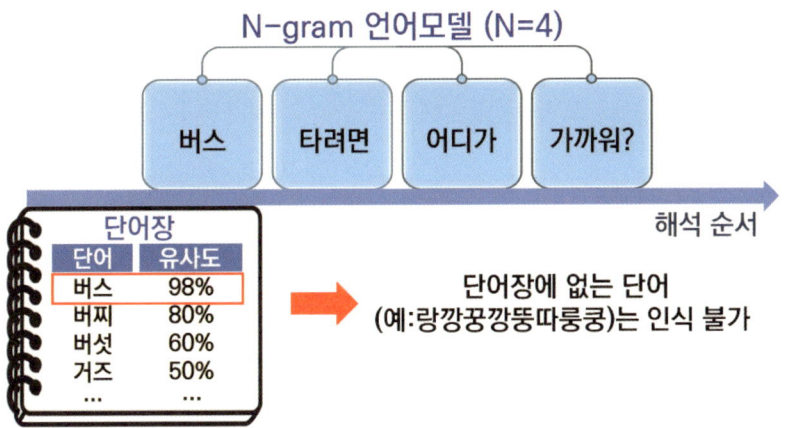

다음으로 언어 모델은 두 번째 gram인 '타려면'을 해석해야 한다. 여기서도 위의 과정과 동일하게 단어장 안에 있는 수많은 단어들 중 가장 유사성이 높은 단어 순으로 정렬한다. 그런데 안타깝게도 이 사용자가 발음이 썩 좋지 않아서인지 정렬을 해 보았더니 1등이 '따려면', 2등이 '타려면', 3등이 '사려면', 4등이 '가려면'이 되었다. 하지만 다행히 빅스비는 생각보다 똑똑해서 두번째 gram을 그냥 '따려면'으로 해석하지 않는다. 빅스비는 두 번째 gram부터는 그 gram만을 생각하는 것이 아니라 첫 번째 gram과 같이 묶어서 두 번째 gram을 생각한다.

만약 첫 번째 gram이 '버스'라면, 빅스비가 가지고 있는 말뭉치 내의 수많은 단어 조합에 따르면 '버스' 뒤에 '따려면'이라는 단어가 오는 확률은 극히 낮다. 반면 '버스' 뒤에 '타려면'이라는 단어가 올 확률은 매우 높다. 그래서 두 번째 gram을 '타려면'으로 해석하고 넘어가려는 찰나, 앞서 첫 번째 gram에서 두 번째로 유사도가 높았던 '버찌'가 갑자기 계산기에 다시 나타난다. '버찌' 라는 단어 뒤에 '타려면'이 올 확률은 극히 낮지만 '버찌' 뒤에 '따려면'이 올 확률은 매우 높다. 이제 빅스비는 '버스 타려면'과 '버찌 따려면' 중 사용자가 진짜 말하고자 한 문장을 판단해야 한다.

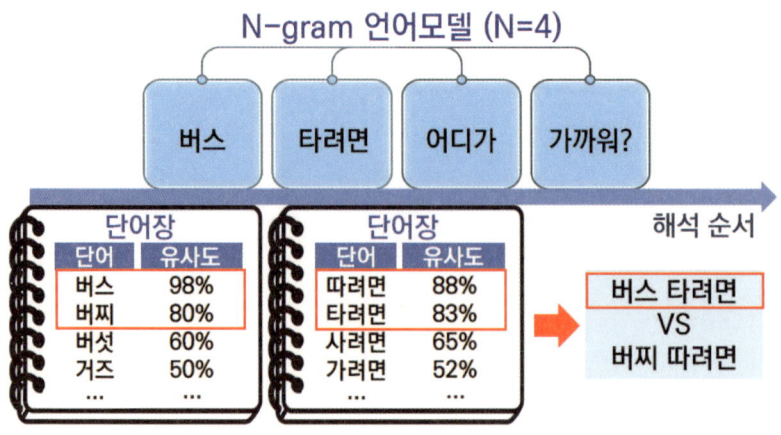

그런데 정말 다행스럽게도 이 사용자는 발음이 아주 안 좋지는 않고 대부분의 사람들이 알아들을 수 있는 정도로는 발음이 좋기 때문에, 음성 모델의 도움을 받아 음성 모델과 같이 힘을 합쳐 열심히 계산한 결과 첫 번째와 두 번째 gram은 '버스 타려면'일 확률이 훨씬 높다는 것으로 판단한다.

그리고 같은 과정을 3번째 gram과 4번째 gram에서도 거치게 되면 비로소 빅스비는 사용자의 명령을 '버스 타려면 어디가 가까워'로 해석하게 된다. 3번째 gram을 해석할 때는 당연히 첫 번째 gram과 두 번째 gram도 고려할 것이고, 4번째 gram을 해석할 때는 앞의 3개의 gram을 모두 고려할 것이다.

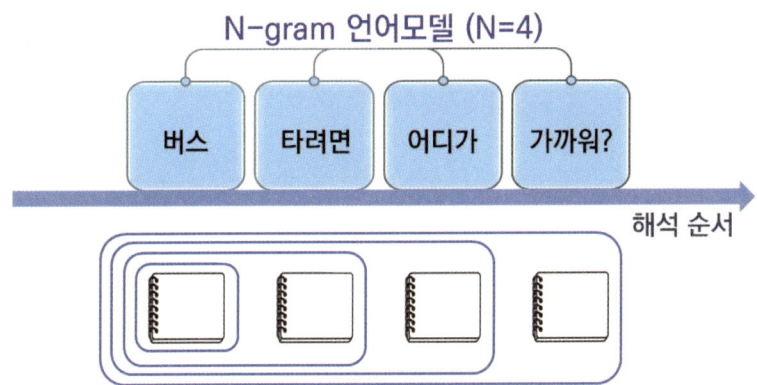

여기까지 설명한 내용을 표로 정리하면 아래와 같다.

N-gram 언어모델의 종류

해석할 문장에 포함된 단어의 개수(=N)	언어모델의 이름	언어모델이 계산(번역)할 때 사용하는 단어들의 조합
1	Unigram (N=1)	버스, 타려면, 어디가, 가까워
2	Bigram (N=2)	버스 타려면, 어디가 가까워, 버찌 따려면, 버찌 사려면, 버섯 따려면, 버섯 사려면
3	Trigram (N=3)	버스 타려면 어디가, 버찌 따려면 어디가, 버찌 사려면 어디가, 버섯 따려면 어디가, 버섯 사려면 어디가
4	4-gram (N=4)	버스 타려면 어디가 가까워, 버찌 따려면 어디가 가까워, 버섯 따려면 어디가 가까워, 버찌 사려면 어디가 가까워, 버섯 사려면 어디가 가까워

6 지도학습 알고리즘의 이해

분류 분석

수험생들의 국어, 영어, 수학 원점수를 통해 수능 등급을 예측하거나, 내가 자주 이용하는 쇼핑몰에서 다음 달 어떤 회원등급이 될 지 예측하거나, 카드회사에서 회원들의 가입 정보 및 이용 실적을 통해 다음 해의 신용 등급을 예측하는 등 우리는 일상의 다양한 분야에서 어떤 데이터가 어떤 그룹에 속할지 예측해야 하는 경우가 많다.

 이 장에서는 이처럼 특정한 데이터가 어떤 그룹에 속할 것인지 예측하는 **분류 분석(Classification Analysis)**이라는 알고리즘에 대해 살펴본다.

1 분류 분석의 특성

 먼저 분류 분석 알고리즘의 특성에 대해 살펴본다.

목적을 위해 작업을 수행

 분류 분석에서는 사전에 그룹의 수와 특성이 미리 정해져 있고, 어떤 데이터가 주어졌을 때 그 데이터를 알맞은 그룹으로 분류하고자 하는 '목적'이 정해진 이후 해당 목적을 효과적으로 달성하기 위한 '작업'을 수행한다.

예컨대 내가 자주 이용하는 쇼핑몰의 등급 체계가 미리 공지된 상태에서 내가 구매한 실적을 기초로 내가 다음 달 어떤 회원 등급에 속할지 예측하거나, 쇼핑몰 담당자가 특정 고객들을 알맞은 등급으로 분류하는 작업이다.

주의할 점은 예측하고자 하는 '목적'이 되는 그룹은 'VIP-골드-실버-브론즈', '남자-여자'와 같이 그룹 사이에 연속성이나 순서가 없는 단순히 '종류'를 의미하는 '카테고리' 형태의 그룹이어야 한다. 다만 예컨대 '1등급-2등급-3등급', '1반-2반-3반'과 같은 그룹은 숫자가 포함되어 있어 순서나 연속성이 있는 것처럼 오해할 수도 있으나 여기서는 단순히 '종류'나 '카테고리'를 나타내는 수단으로 '1', '2', '3'이라는 글자를 활용한 것뿐이지 숫자 그 자체로서의 의미는 없다.

> **지도학습의 일종**

 분류 분석은 미리 '그룹'과 '목적'도 정해져 있는 상태에서 담당자는 단순히 목적을 달성하기 위한 풀이 과정만 따라가면 된다. 쇼핑몰 담당자는 회원 등급을 만들 필요도 없고 회원 등급을 나누는 기준을 새롭게 만들어야 할 필요도 없으며, 기존에 다른 회원들이 어떤 기준에 따라 어떤 회원 등급에 속하게 되었는지를 분석하고 학습한 이후 그러한 학습 내용을 새로 등급을 부여해야 할 신규 회원에게 적용해서 해당 회원을 알맞은 회원 등급에 잘 넣기만 하면 된다.

 앞서 라면을 가장 맛있게 끓이는 방법을 연구하던 자취생 '준이'를 기억하는가? 라면을 맛있게 끓이는 최적의 라면 공식을 완벽하게 마스터한 유튜브 영상을 보며 그 공식을

잘 배워서 그대로 따라하기만 되는 학습을 우리는 '지도학습'이라고 부른 바 있다. 여기까지 읽어보았으면 이미 알겠지만, 분류 분석은 이와 같이 지도자가 알려주는 내용을 그대로 따라 학습하면 되는 **지도학습(Supervised Learning)**의 한 종류이다.

앞서 동일한 문제를 푸는 데 다양한 풀이 방식이 존재하는 것처럼, 동일한 머신러닝에 대해서도 다양한 풀이 방법으로서 여러 가지의 알고리즘이 존재한다는 것을 설명한 바 있다. 분류 분석도 그 분석 방법에 다양한 알고리즘이 존재하는데, 그 알고리즘의 종류에 대해 살펴본다.

분류 분석	정해진 규칙과 기준에 따라 특정한 데이터가 어떤 그룹에 속할 것인지 예측하는 알고리즘		풀이 방법에 따라 다양한 알고리즘이 존재

2 나이브 베이지안(Naive Bayesian): 스팸 메일에 쓰이는 흔한 제목

우리는 오늘날 메일함에서 내 의지와 무관하게 수많은 스팸 메일을 받고 있지만, 다행히 최근의 대부분의 메일 서비스에서는 자동으로 스팸 메일을 탐지하여 스팸 메일함으로 분류하는 자체적인 기능을 갖추고 있어 우리가 손수 그 수많은 스팸 메일들을 일일이 스팸 메일함으로 이동할 필요는 없다.

여기서는 이처럼 어떤 메일이 내 메일 주소로 도착하였을 때, 그 메일이 스팸 메일인지, 정상적인 일반 메일인지 파악하여 스팸 메일함과 받은 메일함 중 적절한 메일함으로 분류하는 과정에 대해 **나이브 베이지안(Naive Bayesian)** 알고리즘을 활용하여 살펴본다.

우리는 누구나 한 번쯤 이메일 제목에 '할인', '체험', '상담', '판매' 등의 단어들이 보이면 내용을 읽어볼 필요도 없이 바로 스팸 메일이라고 판단하고 삭제한 경험이 있을 것이다. 이처럼 나이브 베이지안 알고리즘은 어떤 메일 시스템에 존재하는 수많은 메일 중에서, 메일 제목에 특정한 단어가 포함되었을 경우 그 메일이 스팸 메일일 확률을 계산하여 스팸 메일 분류기의 성능을 높이는 데 활용된다.

 메일함에 도착한 어떤 메일의 제목이 '할인 판매 지금 바로'라고 할 때, 이 메일이 스팸 메일인지 아닌지 판단하여 스팸 메일함과 일반 메일함 중 적절한 메일함으로 분류하는 사례를 통해 나이브 베이지안 알고리즘에 대해 알아본다.

 먼저 메일 제목인 '할인 판매 지금 바로'를 '할인', '판매', '지금', '바로'의 네 단어로 쪼갠다. 우선 첫 단어인 '할인'에 대하여, 나이브 베이지안 메일 분류기는 '할인'이라는 단어가 제목에 포함된 메일이 스팸 메일인지 일반 메일인지 궁금하다.

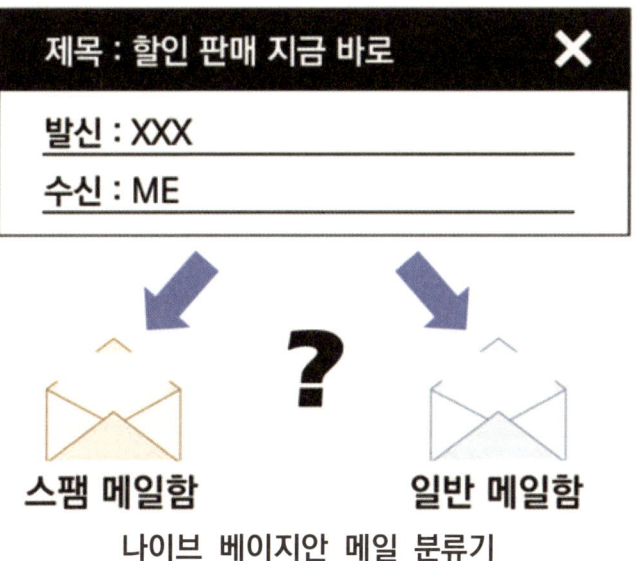

나이브 베이지안 메일 분류기

그런데 메일함에 도착한 메일에 '할인'이라는 단어가 포함되었더라도 이 메일이 반드시 스팸메일이라고 단정할 수 없다. 만약 '[킹콩 부티끄] 봄 신상 원피스 출시, 20% 할인 이벤트 안내'라는 제목이라면 이 메일은 스팸 메일이겠지만, '[인사팀] 킹콩 리조트 폐업에 따른 복지 포털 제휴 할인 종료 안내'라는 메일이라면 이는 회사 복지와 관련된 안내 메일로서 스팸 메일이 아닌 일반 메일일 것이다.

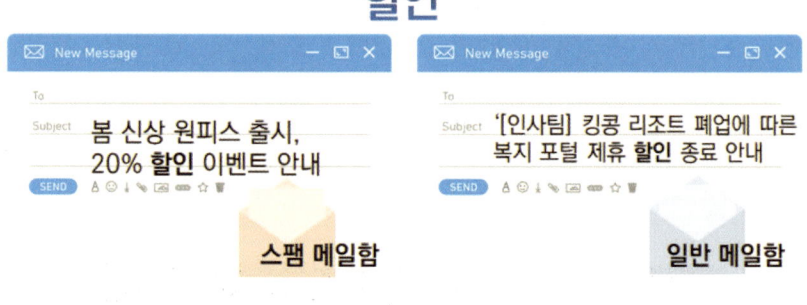

나이브 베이지안 메일 분류기가 조사한 바에 따르면 기존에 스팸 메일함과 일반 메일함에 존재하는 메일의 개수는 각 100개이다.

스팸 메일함과 일반 메일함에 존재하는 전체 메일의 개수

이어서 나이브 베이지안 메일 분류기는 스팸 메일함에 존재하는 100개 메일 중 제목에 '할인'이라는 단어가 포함된 메일의 개수와, 일반 메일함에 존재하는 100개 메일 중 제목에 '할인'이라는 단어가 포함된 메일의 개수를 조사한다. 조사 결과는 아래와 같다.

스팸 메일함과 일반 메일함에 있는 메일 중
제목에 '할인'이 포함된 메일의 개수

　그리고 이 조사 결과를 기초로 아래의 확률을 계산한다.

$$\text{스팸 메일 중 '할인'이 포함될 확률} = \frac{\text{'할인'이라는 단어가 제목에 포함된 스팸 메일 수}}{\text{전체 스팸 메일 수}} = \frac{90}{100} = 0.9$$

$$\text{일반 메일 중 '할인'이 포함될 확률} = \frac{\text{'할인'이라는 단어가 제목에 포함된 일반 메일 수}}{\text{전체 일반 메일 수}} = \frac{10}{100} = 0.1$$

스팸 메일함과 일반 메일함에 있는 메일 중
제목에 '할인'이 포함될 확률

　동일한 방식으로 나이브 베이지안 메일 분류기는, '판매', '지금', '바로'에 대해서도 스팸 메일함과 일반 메일함의 존재하는 전체 메일 중 각 단어가 포함된 메일의 개수를 조사하였고 그 조사 결과는 아래와 같다.

스팸 메일함과 일반 메일함에 있는 메일 중
제목에 각 대상 단어가 포함된 메일의 수

이어서 앞서 '할인'에 대한 확률을 계산한 로직과 동일한 로직에 의해 나머지 세 단어에 대한 확률도 아래와 같이 계산한다.

$$\text{스팸 메일 중 '판매'가 포함될 확률} = \frac{\text{'판매'라는 단어가 제목에 포함된 스팸 메일 수}}{\text{전체 스팸 메일 수}} = \frac{95}{100} = 0.95$$

$$\text{일반 메일 중 '판매'가 포함될 확률} = \frac{\text{'판매'라는 단어가 제목에 포함된 일반 메일 수}}{\text{전체 일반 메일 수}} = \frac{5}{100} = 0.05$$

$$\text{스팸 메일 중 '지금'이 포함될 확률} = \frac{\text{'지금'이라는 단어가 제목에 포함된 스팸 메일 수}}{\text{전체 스팸 메일 수}} = \frac{88}{100} = 0.88$$

$$\text{일반 메일 중 '지금'이 포함될 확률} = \frac{\text{'지금'이라는 단어가 제목에 포함된 일반 메일 수}}{\text{전체 일반 메일 수}} = \frac{12}{100} = 0.12$$

$$\text{스팸 메일 중 '바로'가 포함될 확률} = \frac{\text{'바로'라는 단어가 제목에 포함된 스팸 메일 수}}{\text{전체 스팸 메일 수}} = \frac{85}{100} = 0.85$$

$$\text{일반 메일 중 '바로'가 포함될 확률} = \frac{\text{'바로'라는 단어가 제목에 포함된 일반 메일 수}}{\text{전체 일반 메일 수}} = \frac{15}{100} = 0.15$$

스팸 메일함과 일반 메일함에 있는 메일 중
제목에 각 대상 단어가 포함될 확률

그러면 이제 비로소 '할인 판매 지금 바로'라는 문구 전체에 대한 확률을 아래와 같이 계산할 수 있다. 전체 문구가 그대로 메일 제목에 포함될 확률은 해당 문구를 구성하는 각 단어가 포함될 확률을 모두 곱하면 되기 때문이다.

스팸 메일 중 '할인 판매 지금 바로'라는 문구가 포함될 확률

= 스팸 메일 중 '할인'이 포함될 확률 × 스팸 메일 중 '판매'가 포함될 확률 × 스팸 메일 중 '지금'이 포함될 확률 × 스팸 메일 중 '바로'가 포함될 확률

= 0.9 × 0.95 × 0.88 × 0.85 = 0.64

일반 메일 중 '할인 판매 지금 바로'라는 문구가 포함될 확률

= 일반 메일 중 '할인'이 포함될 확률 × 일반 메일 중 '판매'가 포함될 확률 × 일반 메일 중 '지금'이 포함될 확률 × 일반 메일 중 '바로'가 포함될 확률

= 0.1 × 0.05 × 0.12 × 0.15 = 0.00009

두 확률을 비교해보면 스팸 메일이 해당 제목을 포함할 확률인 0.64가 일반 메일이 해당 제목을 포함할 확률인 0.00009보다 크다. 따라서 나이브 베이지안 메일 분류기는 '할인 판매 지금 바로'라는 제목을 가진 메일을 스팸 메일 함으로 분류한다.

3 의사 결정 나무(Decision Tree): 어느 교실의 스무고개

분류 분석을 위한 알고리즘 중 다음으로 살펴볼 의사 결정 나무는 쉽게 비유하자면 스무고개에 빗대어 이해할 수 있다. 어느 초등학교 교실에서 상대방이 생각하는 동물이 무엇인지 알아 맞히기 위해 스무고개 게임을 하는 '별이'와 '달이'의 대화를 아래에서 살펴보자.

이를 그림으로 나타내면 다음과 같다.

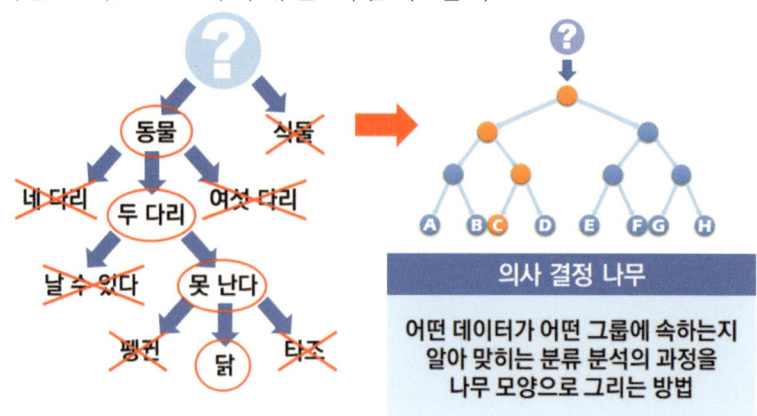

의사 결정 나무
어떤 데이터가 어떤 그룹에 속하는지 알아 맞히는 분류 분석의 과정을 나무 모양으로 그리는 방법

위 그림처럼 어떤 데이터가 어떤 그룹에 속하는지 알아맞히는 분류 분석의 과정을 나무 모양으로 그리는 방법을 **의사 결정 나무(Decision Tree)**라고 한다. 즉 연속적으로 이루어지는 의사 결정의 과정을 나무 구조의 그래프로 표현하여 어떤 시점에 어떤 의사 결정이 이루어지고 그 의사 결정의 성과는 어떠한지 한눈에 볼 수 있는 것이 이 알고리즘의 장점이다.

우리가 공원과 거리에서 만날 수 있는 나무가 뿌리, 가지, 마디를 갖고 있는 것과 마찬가지로, 의사 결정 나무도 실제 나무처럼 뿌리, 가지, 마디에 해당되는 부분을 가지고 있다. '동물 알아 맞히기' 스무고개 그림에서 각 '고개'에 해당하는 질문을 **마디(Node)**라고 부르며, 영어 발음 그대로 '**노드**'라고도 부른다. 예컨대 '다리가 네 개 입니까?', '날 수 있습니까?' '닭입니까?' 등의 모든 질문이 각각 하나의 '마디'가 된다. 즉 의사 결정 나무에서 '마디'는 '질문'의 개념이다. 또한 전체 나무가 시작되는 가장 상위의 마디를 **뿌리 마디(Root Node)**라고 부르며, 위 사례에서의 뿌리 마디는 '동물입니까?'라는 질문이다.

또한 어떤 마디에 대하여 그 바로 상위의 마디를 **부모 마**

디(Parent Node)라고 부르며, 어떤 마디의 바로 하위 마디를 **자식 마디(Child Node)**라고 부른다. 전체 나무에서 자식 마디가 없는 가장 마지막의 최하위 마디를 **끝 마디(Terminal Node)**라고 부르며, 부모 마디와 자식 마디가 모두 존재하는 마디를 **중간 마디(Internal Node)**라고 부른다.

위 사례에서 끝마디는 '닭입니까, 펭귄입니까, 타조입니까?'의 질문이 된다. 달이는 동일한 끝마디의 질문을 두 번에 나누어 물어보았지만 실제로는 동일한 마디에 속한 질문임을 주의하기 바란다. 마찬가지로 다리의 개수를 확인하는 질문인 중간 마디에서 '다리가 네 개입니까?'라는 질문과 '다리가 두 개입니까?'라는 질문을 달이는 두 번에 나누어 물어보았지만 실제로는 다리 개수와 관련된 동일한 마디에 속한 질문이다.

뿌리 마디로부터 끝마디까지 연결된 마디들을 **가지(Branch)**라고 부르며, 뿌리 마디로부터 끝마디까지의 가지를 구성하는 중간 마디들이 수를 전체 의사결정 나무의 **깊이(Depth)**라고 부른다. 즉, 가지의 길이는 나무의 깊이와 같다. 위 사례에서는 빨강 동그라미가 그려진 각 마디들이 전체 나무의 '가지'를 이루는 개별 부분들이 되고 빨강 동그라미의 개수가 4개이기 때문에 전체 나무의 깊이는 4가 되고, 이는 가지의 길이이기도 하다.

여기까지 설명한 내용을 표로 정리하면 아래와 같다.

마디 이름	마디에 속하는 질문	다른 마디와의 관계	
뿌리 마디	'동물입니까?' '식물입니까?'	중간 마디 1의 부모 마디	가 지 깊이 : 4
중간 마디 1	'다리가 두 개입니까?' '다리가 네 개입니까?' '다리가 여섯 개입니까?'	뿌리 노드의 자식 마디 중간 마디 2의 부모 마디	
중간 마디 2	'날 수 있습니까?'	중간 마디 1의 자식 마디 끝 마디의 부모 마디	
끝 마디	'펭귄입니까?' '닭입니까?' '타조입니까?'	중간 마디 2의 자식 마디	

의사 결정 나무의 가지가 지나치게 길어서, 즉 나무의 깊이가 너무 깊어서 나무가 너무 복잡한 경우 전체 나무의 가지를 이루는 중간 마디들을 제거하여 가지의 길이(=나무의 깊이)를 줄이는 과정을 **가지치기(Pruning Tree)**라고 부른다.

또한 뿌리 마디부터 시작하여 나무를 점차 키워 나가다가 언제 멈출 것인지, 즉 끝 마디가 어디인지를 결정하는 규칙을 **정지 규칙(Stopping Rule)**이라고 부른다. 여기서 예시로 들었던 스무고개의 사례에는 '별이가 생각하는 동물이 무엇인지 정확하게 알아 맞히는 것'이 정지 규칙이 된다.

가지치기 (Pruning)	중간 가지들을 제거하여 가지의 길이(=나무의 깊이)를 줄이는 과정
정지 규칙 (Stopping Rule)	끝 마디가 어디인지를 결정하는 규칙 (예: 별이가 생각하는 동물을 알아 맞히는 것)

우리가 살펴본 의사 결정 나무를 일반화하여 다시 그림으로 표현하면 다음과 같다.

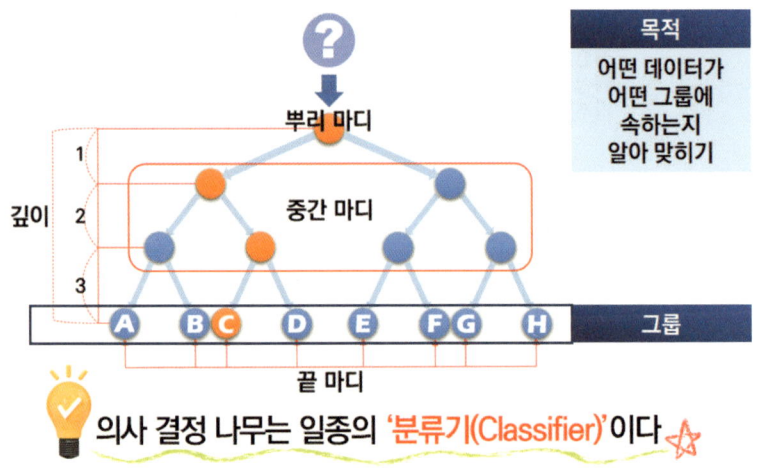

의사 결정 나무는 일종의 '분류기(Classifier)'이다.

즉 위 그림의 의사 결정 나무는 미리 정해져 있는 전체 그룹의 개수가 A~H까지의 총 8그룹이고, 상단에 물음표로 표시된 어떤 특정한 데이터가 주어졌을 때, 이 데이터가 8개의 그룹 중 어느 그룹에 속할지 분류하는 역할을 수행한다. 다시 말하면 의사 결정 나무는 일종의 **분류기**(Classifier)이다. 위 그림에서의 의사 결정 나무는 3의 깊이를 갖는 의사 결정 나무로서, 주황색 원으로 표시된 '가지'의 각 마디들을 지나서 주어진 데이터를 C그룹으로 분류한 것을 알 수 있다.

4 랜덤 포레스트(Random Forest): 다수결로 하는 스무고개

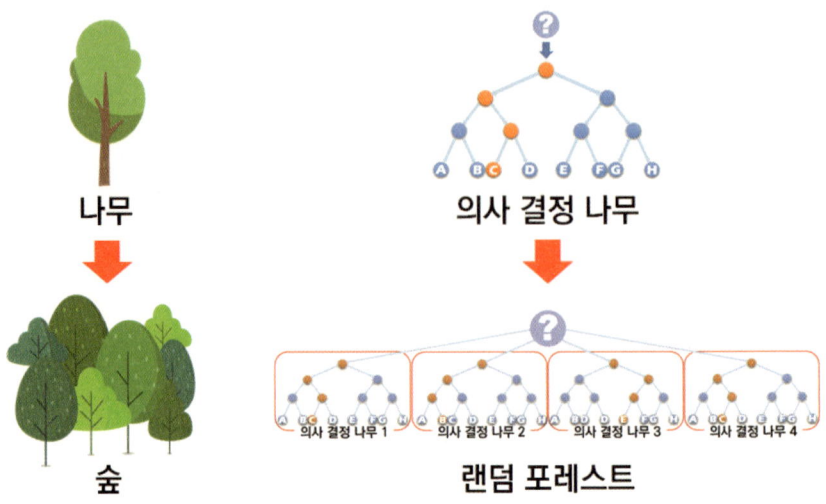

 다음으로 살펴볼 **랜덤 포레스트(Random Forest)** 알고리즘은, 여러 그루의 나무(Tree)가 모여서 숲(Forest)이 되듯이, 앞서 살펴본 의사 결정 나무가 여러 그루가 모여서 더 많은 그루가 분류한 결과를 최종적인 분류 결과로 선택하는 모델이다. 의사 결정 나무 하나에 모든 분류 결과를 의존하기에는 분류 결과가 정확하지 않을 위험이 있기 때문에, 이를 개선하여 분류의 정확도를 더 높이고자 다수의 의사 결정 나무를 모아서 다수결의 원칙을 적용하는 개념이다.

 앞서 보았던 의사 결정 나무 그림을 다시 예시로 활용해 보자. 이 의사 결정 나무는 물음표로 표시된 상단의 데이터를, A~H까지 8개의 그룹 중 C라는 그룹으로 분류하였다.

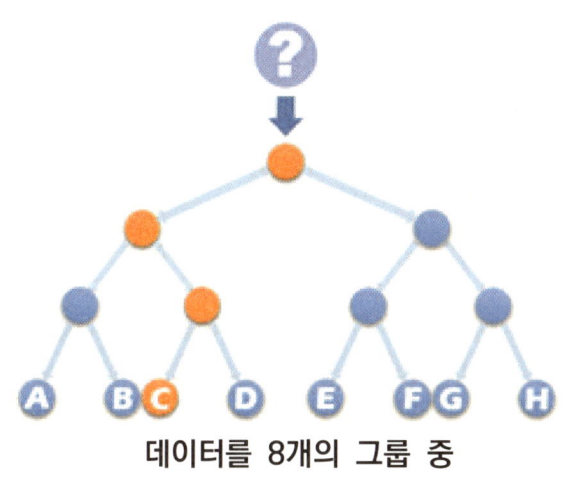

데이터를 8개의 그룹 중
한 그룹으로 분류하는 의사 결정 나무

랜덤 포레스트는 위에서 설명한 바와 같이 이러한 의사 결정 나무를 여러 그루를 모아서 가장 많은 의사 결정 나무가 분류한 결과를 전체 분류 결과로 결정한다. 이를 설명하기 위해 위의 의사 결정 나무를 여러 그루를 모아 본다.

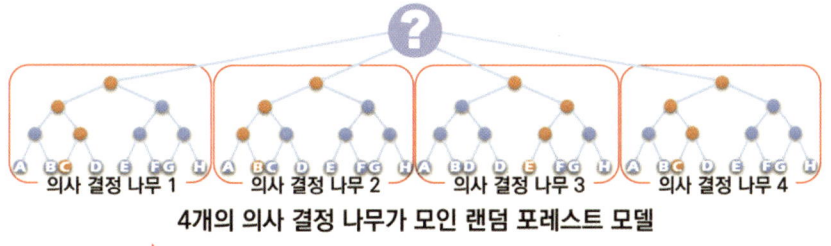

4개의 의사 결정 나무가 모인 랜덤 포레스트 모델
➡ 다수의 나무가 선택한 C로 데이터를 분류

위의 이미지는 4개의 의사 결정 나무를 모아서, 1번부터

4번까지 각 나무에 번호를 붙인 랜덤 포레스트 모델이다. 즉 이 랜덤 포레스트 모델은 4개의 의사 결정 나무로 구성되어 있다.

　분류해야 할 상단의 물음표 데이터를 1번 의사 결정 나무는 C로 분류하였고, 2번 의사 결정 나무는 B로 분류하였고, 3번 의사 결정 나무는 E로 분류하였고, 4번 의사 결정 나무는 C로 분류하였다. C로 분류한 나무가 2그루, B와 E로 분류한 나무가 각 1그루이므로 다수결의 원칙에 의해 전체 랜덤 포레스트 모델의 최종 분류 결과는 C가 된다.

　이는 마치 투표권을 가진 4명의 유권자가 8명의 후보자에 대해 각각 한 표씩 투표한 형태와 유사한데, 이러한 관점에서 랜덤 포레스트는 전체 숲을 구성하는 각각의 의사 결정 나무가 **투표(Voting)**를 통해 다수결의 원칙에 따라 전체 숲의 결과를 도출해 내는 모델이라고 볼 수 있다.

다수결의 원칙 	투표(Voting)
• 여러 그루의 의사 결정 나무의 결과를 최종적인 분류 결과로 선택 • 하나의 나무가 의사결정을 할 때에 비해 정확도가 높아짐	

랜덤 포레스트 알고리즘의 특성

5 K-최근접 이웃(K-nearest Neighbor): 좋아하는 계절 알아내기

K-최근접 이웃(-KNN, K-Nearest Neighbor)이란, '유유상종'이라는 말처럼 비슷한 특징을 갖는 데이터는 서로 가까이 모인다는 논리 하에서 데이터를 유사성에 따라 분류하는 알고리즘을 의미한다.

K-최근접 이웃(K-nearest Neighbor) 알고리즘	
유유상종	• 비슷한 특징을 갖는 데이터는 서로 가까이 모인다는 논리 • 데이터를 유사성에 따라 분류하는 알고리즘

휴가 계획을 짜기 위해 여행사에 방문한 고객이 여름을 좋아하는지, 겨울을 좋아하는지 파악하여 적절한 휴가지를 추천하려고 하는 여행사 직원의 사례를 통해 K-최근접 이웃 알고리즘에 대해 살펴본다.

이 여행사에는 방문한 고객이 어떤 계절을 더 좋아하는지 파악하기 위해 아래와 같은 두 가지의 사전 설문을 한다.

여행사를 방문한 고객의 좋아하는 계절을 알아내어 적절한 휴가지 추천하기		
여행사 방문 고객 설문지	질문1	더운 날씨와 추운 날씨 중 어떤 날씨를 더 좋아하시나요?
	질문2	비 오는 날과 눈 오는 날 중 어떤 날을 더 좋아하시나요?

고객의 선호도를 자세하게 파악하기 위해 각 질문에 대한

대답을 좋아하는 정도에 따라 3단계로 나누어 아래와 같이 점수를 매긴다.

설문에 응답한 고객의 선호도를 점수화

그리고 여태까지 해당 여행사의 방문 고객들이 작성한 설문지 응답을 토대로 고객들을 '여름 매니아'와 '겨울 매니아'의 두 그룹으로 분류하였다. 더운 날씨를 좋아하고 비를 좋아하는 사람이라면 '여름 매니아'로 분류하고, 추운 날씨를 좋아하고 눈을 좋아하는 사람이라면 '겨울 매니아'로 분류한다. 이를 그림으로 나타내면 아래와 같다. 여름 매니아는 주황색 원, 겨울 매니아는 푸른색 원으로 표시하였다.

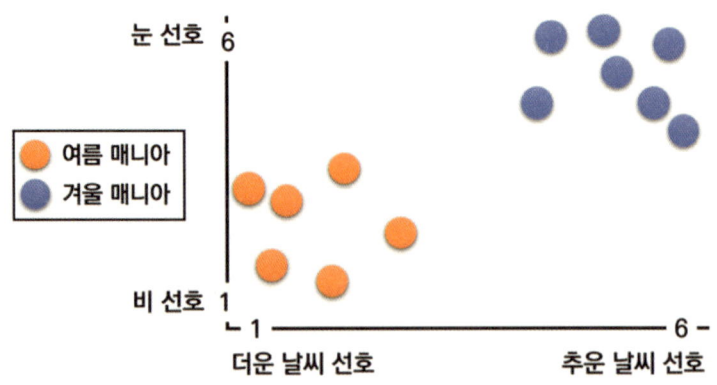

여행사 방문 고객들이 좋아하는 계절을 나타낸 그래프

이 때 신규 고객이 여행사를 방문하였다. 이 신규 고객은 아래와 같이 녹색 원으로 표시한다. 여행사는 이 신규 고객이 여름 매니아인지 겨울 매니아인지 분류하려고 하는데, 특별히 이 신규 고객에게는 설문지를 제공하지 않고, 위에서 그린 기존 고객들의 그래프를 기초로 K-최근접 이웃 알고리즘을 활용해 보고자 한다.

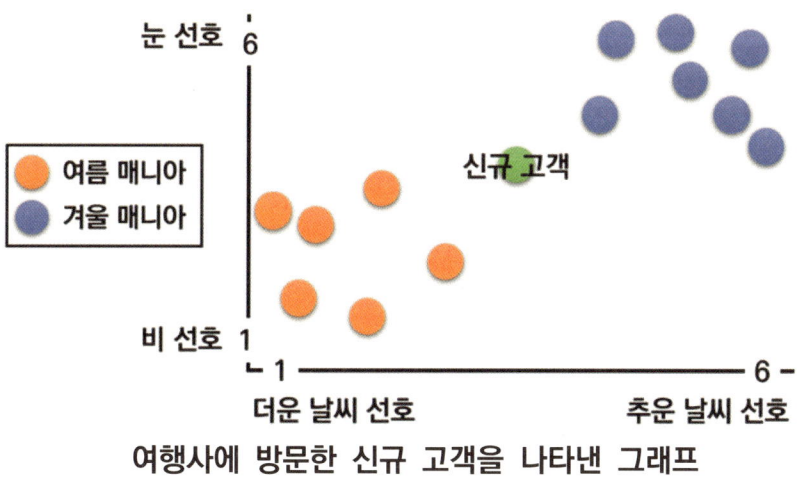

여행사에 방문한 신규 고객을 나타낸 그래프

 먼저 K의 값을 3으로 정했을 때의 분류 결과를 살펴본다. K의 값이 3이므로 아래 그림과 같이 신규 고객과 가장 가까운 3개의 데이터를 확인한다. 신규 고객과 가장 가까이 있는 고객 데이터는 겨울 매니아이지만, 더 많이 있는 데이터는 2명의 여름 매니아이다. 따라서 신규 고객은 여름 매니아로 분류된다.

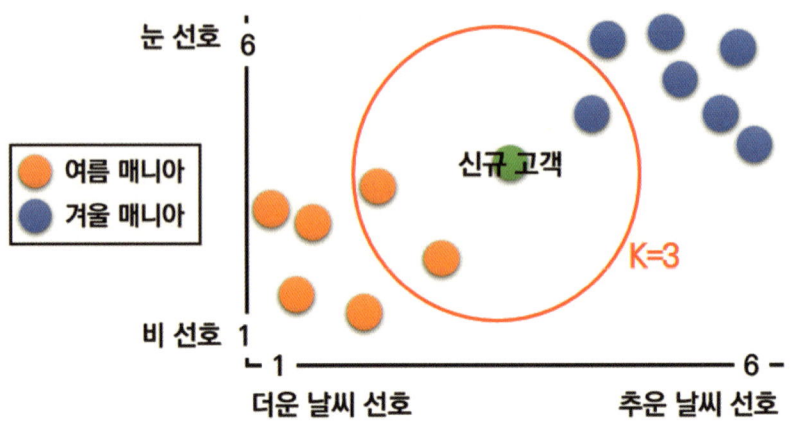

K=3일 때 신규 고객이 여름 매니아로 분류된 그림

다음으로 K의 값이 4인 경우 신규 고객이 어떻게 분류되는지 살펴본다.

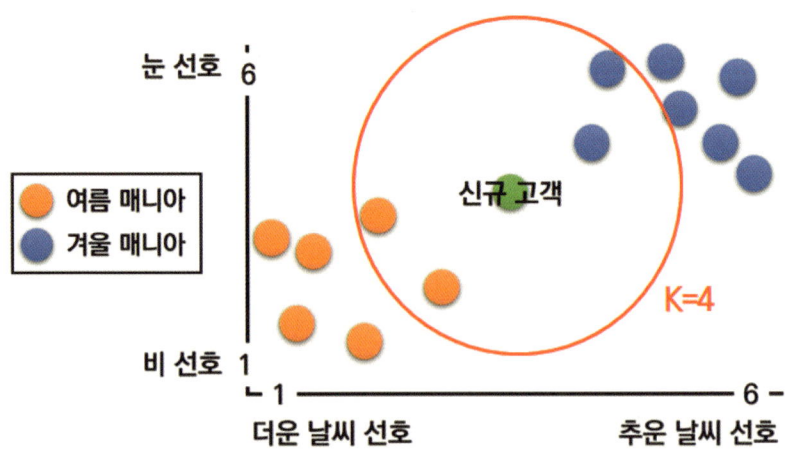

K=4일 때 신규 고객의 분류 결과를 판단할 수 없는 그림

K가 4이므로 가장 가까운 4개의 데이터를 확인한다. 2개의 데이터는 겨울 매니아, 2개의 데이터는 여름 매니아이다. 따라서 어떤 데이터가 더 많다고 말할 수 없으므로 신규 고객을 어떻게 분류할지 판단할 수 없다. 따라서 이러한 상황을 방지하기 위해서는 일반적으로 K-최근접 이웃 알고리즘에서는 K의 값을 홀수로 지정하는 것이 더 좋다.

6 서포트 벡터 머신(Support Vector Machine): 체육시간의 축구파와 농구파

어느 학급의 체육 시간에 축구를 좋아하는 아이들과 농구를 좋아하는 학생들이 있다고 하자. 체육 선생님이 운동장을 반으로 갈라서 축구를 좋아하는 사람들은 왼쪽으로 모이고, 농구를 좋아하는 사람들은 오른쪽으로 모이라고 얘기하면, 학생들은 스스로의 선호에 따라 자연스럽게 왼쪽의 축구파 무리와 오른쪽의 농구파 무리의 두 그룹으로 나누어지게 된다.

이처럼 그룹의 수와 그룹 사이의 특정한 경계를 명확히 정해주고, 그 경계에 따라 데이터를 분류하는 방식을 **서포트 벡터 머신(Support Vector Machine)**이라고 한다. 이러한 경계를 **결정 경계(Decision Boundary)**라고 부르며, 서포트 벡터 머신에서는 '결정 경계'를 얼마나 잘 정하는지가 가장 중요하다. 다시 말하면, 서포트 벡터 머신은 결정 경계를 정하는 알고리즘이다.

서포트 벡터 머신(Support Vector Machine) 알고리즘

- 그룹과 그룹 사이의 경계를 명확히 정해 주는 알고리즘
- 결정된 경계에 따라 데이터를 분류 ➡ 결정 경계를 잘 정하는 것이 중요

서포트 벡터 머신 알고리즘의 특징

어느 학급의 체육시간의 학생들을 아래와 같이 그림으로 나타내 본다. 우리의 목표는 두 무리가 가장 잘 분리될 수 있도록 두 무리 사이에 가장 정확한 경계를 만드는 것이다.

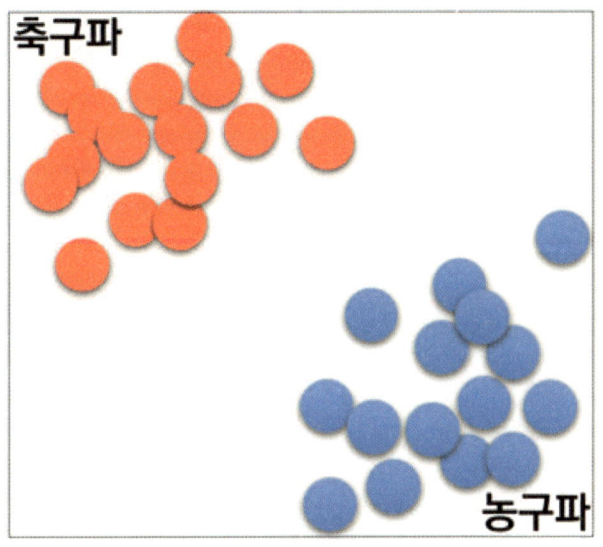

**체육 시간 좋아하는 종목이
서로 다른 학급 학생들을 나타낸 그림**

어떤 학생은 축구를 정말 좋아하지만 농구는 너무 싫어해서 오로지 축구만 원하고 농구를 할 생각이 전혀 없고, 어떤 학생은 농구를 정말 좋아하지만 축구는 너무 싫어해서 오로지 농구만 원하고 축구는 전혀 할 생각이 없다.

또 어떤 학생은 축구도 좋고 농구도 좋아서 어떤 걸 택해야 할지 결정하지 못하고 계속 고민 중인 학생도 있을 것이다. 따라서 같은 종목을 좋아하는 학생이라도 그 선호도의 크기는 모두가 다르다.

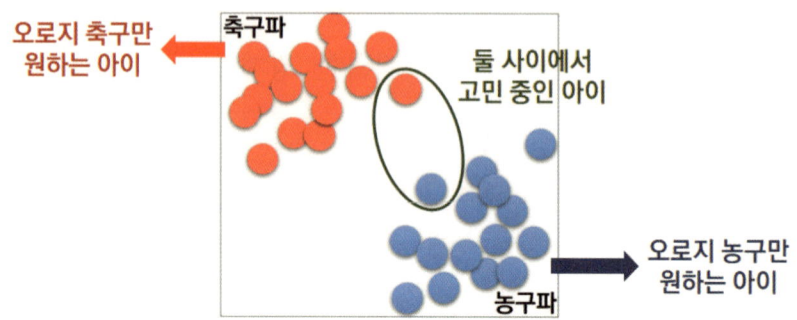

앞서 서포트 벡터 머신은 결정 경계를 잘 정하기 위한 알고리즘이라고 설명하였다. 따라서 우리의 목표는 두 무리 사이에 가장 정확한 경계를 만드는 것이다. 가장 정확한 경계선이란 두 무리가 가장 잘 분리되는 경계선을 의미하고, 두 무리가 가장 잘 분리되려면 두 무리가 최대한 멀리 떨어져야 한다. 즉 축구파 학생들과 농구파 학생들의 두 무리가 가장 멀리 떨어지도록 경계선이 설정되어야 한다.

서포트 벡터 (Support Vector)	두 무리 사이에 가장 가깝게 위치한, 가장 오래 고민하는 학생 ➡ 결정 경계를 정하는 데 중요한 역할
마진(Margin)	결정 경계와 서포트 벡터 사이의 거리 ➡ 두 집단을 명확히 분리하는 최적의 결정 경계는 마진을 최대화하는 경계선

서포트 벡터(Support Vector)란, 두 무리 사이에 가장 가깝게 위치한, 즉 축구도 좋고 농구도 좋아서 어떤 걸 택해야 하는지 고민 중인 학생 중 그 선호도의 차이가 가장

작아서 가장 오래 고민하는 학생을 의미한다. 서포트 벡터 머신 알고리즘에서는 이러한 '서포트 벡터'가 결정 경계를 정하는 데 가장 중요한 역할을 한다.

마진(Margin)은 앞으로 정할 결정 경계와 서포트 벡터 사이의 거리를 의미한다. 앞서 가장 좋은 경계선은 두 무리를 가장 멀리 떨어지게 만드는 경계선을 의미한다고 하였으므로, 가장 정확한 경계선은 서포트 벡터와 경계선 사이의 거리가 가장 큰 경계선이다. 즉, 최적의 결정 경계는 마진을 최대화하는 경계선이다. 여기까지 설명한 내용을 그림으로 나타내면 아래와 같다.

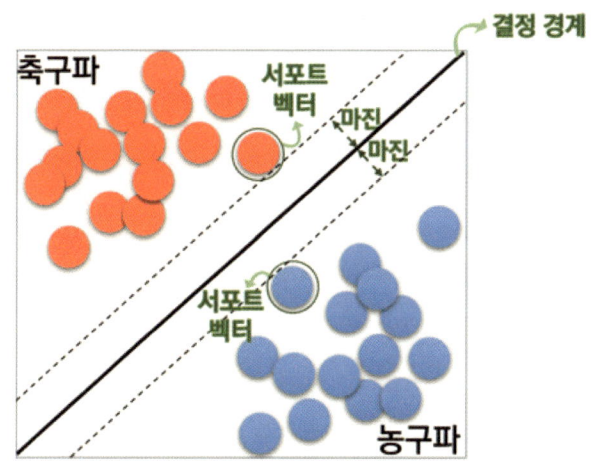

서포트 벡터 머신 알고리즘을 적용하여
두 무리 사이의 경계를 정한 그림

7

비지도학습 알고리즘의 이해

군집 분석

쇼핑몰에서 서로 다른 혜택을 제공하기 위해 고객들을 구매금액에 따라 여러 등급으로 나누거나, 카페를 창업하려고 할 때 각 지역별 소비자의 유형과 소비패턴을 그룹화하여 최고의 입지를 탐색하거나, 각 도시별로 범죄 발생 데이터를 빈도와 유형에 따라 그룹화하여 그 특성에 따른 범죄 예방 정책을 수립하는 등 우리는 일상의 곳곳에서 무작위의 수많은 데이터를 여러 그룹으로 나누어 다양한 방식으로 활용하고 있다.

이 장에서는 이처럼 전체 데이터를 서로 다른 특성을 가진 여러 그룹으로 나누는 **군집 분석(Cluster Analysis)**이라는 알고리즘에 대해 살펴본다.

1 군집 분석의 특성

먼저 군집 분석 알고리즘의 특성에 대해 살펴본다.

목적보다 작업이 우선

군집 분석은 여러 개의 데이터를 다수의 군집으로 나누어 군집 간의 서로 다른 특성을 파악하는 작업이다. 앞서 분류 분석에서는 사전에 그룹이 정해진 상태에서 어떤 데이터를 알맞은 그룹으로 분류하고자 하는 '목적'이 미리 정해져 있고 그 '목적'을 달성하기 위한 '작업'을 수행하였다면, 군집 분석은 그와 달리 그룹이 전혀 정해져 있지 않고 뚜렷한 목적이 정해지지 않은 상태에서 수많은 데이터에 대해 일단 분석부터 수행한다. 즉 목적보다 작업이 우선한다. 목적이 없이 작업만 수행하기도 한다.

예컨대 회원 등급 체계가 존재하지 않는 쇼핑몰의 담당자가 기존 수많은 회원들의 여러 구매 데이터를 기초로 합리적인 등급 체계를 만드는 알고리즘이 군집 분석이다. 이것이 이미 쇼핑몰이 회원 등급 체계가 알려져 있는 상태에서 어떤 회원이 다음 달 어느 등급에 속하게 될지 예측하는 분류 분석과의 차이이다.

데이터는 주어져 있으나 사전에 그룹이나 뚜렷한 목적이 정해져 있지 않음
수많은 데이터에 대해 일단 분석 작업부터 수행
기대하거나 의도하는 특성이 없더라도 군집을 나누는 작업 자체에 의미
어떤 특성을 발견하는 것을 목적으로 두고 군집을 나눈 것이 아님

작업 후 그 결과에 따라 비로소 없던 목적을 만들거나 의도했던 목적을 변경시킴
결과에 따라 군집을 전혀 나눌 수가 없는 경우도 있고, 놀랍도록 완벽하게 어떤 기준에 따라 군집이 완벽하게 나누어지는 경우도 있음

| 구매금액 100만원 | 구매금액 50만원 | 구매금액 30만원 | 구매금액 10만원 |

다만 분류 분석과 마찬가지로 각각의 군집은 'VIP-골드-실버-브론즈', '남자-여자'와 같이 그룹 사이에 연속성이나 순서가 없는 단순히 '종류'를 의미하는 '카테고리' 형태의 그룹이어야 한다.

즉, 어떤 특성을 발견하는 것을 목적으로 두고 군집을 나누는 것이 아니라, 기대하거나 의도하는 특성이 없더라도 일단 군집을 나누는 작업 자체에 의미가 있다. 그리고 작업을 하고 나면 그 작업 결과에 따라 비로소 없던 목적을 만들거나 의도했던 목적을 변경시킨다. 그렇기에 당연히 작업을 해 보니 군집을 전혀 나눌 수가 없는 경우도 있고, 전혀 예상치 못했지만 너무나 놀랍도록 완벽하게 군집이 나누어지는 경우도 있을 것이다.

비지도학습의 일종

군집 분석에서는 그룹이 정해져 있지도 않고, '목적'도 정해져 있지 않은 상태에서 스스로 그룹과 목적을 만들어 나가야 한다. 따라서 군집 분석의 작업을 할 때 모든 작업과 관련된 결정과 선택은 담당자가 전적으로 판단하여 진행해야 한다. 군집을 나누는 기준, 나눌 군집의 개수, 나누어진 각 군집으로부터 도출되는 의미 등 모든 과정을 누구도 지시하거나 알려주거나 명령하지 않고 전적으로 담당자가 모든 결정을 한다.

예컨대 회원 등급 체계가 존재하지 않는 쇼핑몰의 담당자가 회원 등급을 새로 만들려고 할 때, 담당자는 기존 수많은 회원들의 여러 구매 데이터를 분석하면서 어떤 기준으로 회원 등급을 나눌지, 회원 등급은 몇 단계로 만들지, 그렇게 정해진 각 회원 등급에 속하는 회원들에게는 등급에 따라 어떤 혜택을 얼마나 부여해야 하는지 모든 걸 스스로 직접 결정해야 한다.

앞서 라면을 가장 맛있게 끓이는 방법을 연구하던 자취생 '준이'를 기억하는가? 유튜브의 도움 없이 스스로 다양한 방법을 시도하고 시행착오를 겪으면서 혼자만의 독창적인 최적의 라면 공식을 찾아내는 학습을 우리는 '비지도학습'

이라고 부른 바 있다. 여기까지 읽어보았으면 이미 알겠지만, 군집 분석은 이와 마찬가지로 지시나 명령을 하는 지도자가 없이 스스로의 학습과 시행착오를 통해 분석을 수행하는 **비지도학습(Unsupervised Learning)**의 한 종류이다.

앞서 동일한 문제를 푸는 데 다양한 풀이 방식이 존재하는 것처럼, 동일한 머신러닝에 대해서도 다양한 풀이 방법으로서 여러 가지의 알고리즘이 존재한다는 것을 설명한 바 있다. 군집 분석도 그 분석 방법에 다양한 알고리즘이 존재하는데, 그 알고리즘의 종류에 대해 살펴본다.

| 군집 분석 | 전체 데이터를 서로 다른 특성을 가진 여러 그룹으로 나누는 알고리즘 | | 풀이 방법에 따라 다양한 알고리즘이 존재 |

2 군집 분석의 두 가지 방법: 어느 교실의 조 짜기

우리는 이 장에서 군집 분석이라는 문제를 풀기 위한 풀이 방법으로서 그 알고리즘에 대해 알아보고자 한다. 군집 분석을 수행하는 방법은 크게 두 가지로 나눌 수 있다. 즉, 군집 분석의 여러 알고리즘은 모두 이 두 가지 방법 중 어떤 한 가지에 해당된다. 군집 분석을 이해하기 위한 예시로 어느 초등학교 교실의 조 짜기를 활용한다. 조를 짜는 이유에 대해서는 묻지 마시라. 군집 분석은 원래 목적 없이 일단 먼저 조부터 짜고 본다.

계층적 군집 분석(Hierarchical Clustering)

먼저 첫 번째 방법은 전체 데이터를 여럿의 군집으로 나누고, 그 각각의 군집을 또 다시 그 하위의 군집으로 나누는 방법이다. 즉 하나의 군집은 여럿의 다른 하위 군집들을 갖는다. 수많은 데이터를 합치거나 분리해 가면서 군집을 나누기 위해서는 '어떤 기준'이 필요한데, 당연히 그 '기준'이 무엇인지에 따라 군집의 개수나 특성은 달라질 것이다.

예컨대 어느 학급을 지도하는 담임교사가 학급을 여러 개의 그룹으로 나눈다고 할 때, 그 기준은 '키', '성별', '안경

착용 여부', '독서량', '좋아하는 과목', '성(姓)' 등 다양한 기준이 존재할 수 있으며, 그 기준에 따라 각 그룹이 갖는 특성과 그룹의 개수, 그룹에 속하는 학생 수도 다 다를 것이다.

만약 '좋아하는 과목'을 기준으로 그룹을 나눈다고 할 때, 먼저 '국어', '수학', '사회', '과학', '예체능' 등으로 그룹을 나누고, 각 그룹을 또다시 그 내부의 작은 그룹으로 다시 나눌 수 있다. 예컨대 '예체능'이라는 그룹은 또 다시 '미술', '체육', '음악'의 그룹으로 재차 나눌 수 있다.

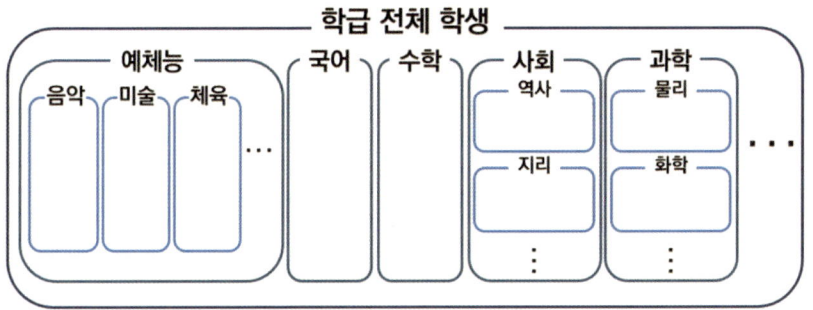

학급 학생들을 좋아하는 과목을 기준으로 그룹화한 계층적 군집 분석의 예시

이처럼 계층적 군집 분석에서 하나의 군집은 여럿의 다른 하위 군집을 포함하고 있다. 군집을 나누는 기준이 '예체능' →'체육' →'실기'와 같이 수직적인 계층 구조를 이루고 있

으로 이러한 군집 분석을 **계층적 군집 분석(Hierarchical Clustering)**라고 부른다.

이 예시에서는 이해를 돕기 위해 사례를 단순화하고자 군집을 나누는 기준으로 '좋아하는 과목'을 제시하였지만, 실제 머신러닝 프로그래밍에서 군집 분석을 수행할 때에는 데이터 간의 유사도, 행렬, 다양한 수학적인 거리 지표 등을 활용하여 복잡한 수학적 공식을 활용하는 것이 일반적이다. 여기에서 다루기엔 불필요한 내용이므로 설명하지 않고 넘어간다.

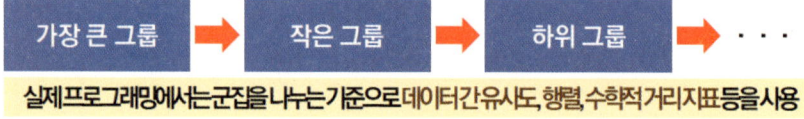

계층적이지 않은 군집 분석(Non-Hierarchical Clustering)

계층적이지 않은 군집 분석이란, 바로 직전에 살펴본 계층적 군집 분석과 달리, 말 그대로 계층 구조 없이 계층과 무관한 별도의 기준에 따라 전체 데이터를 여럿의 그룹으로 나누는 작업이다. 여기서 적용하는 '별도의 기준'에는 대표적으로 두 가지를 들 수 있는데, '중심'과 '밀도'이다.

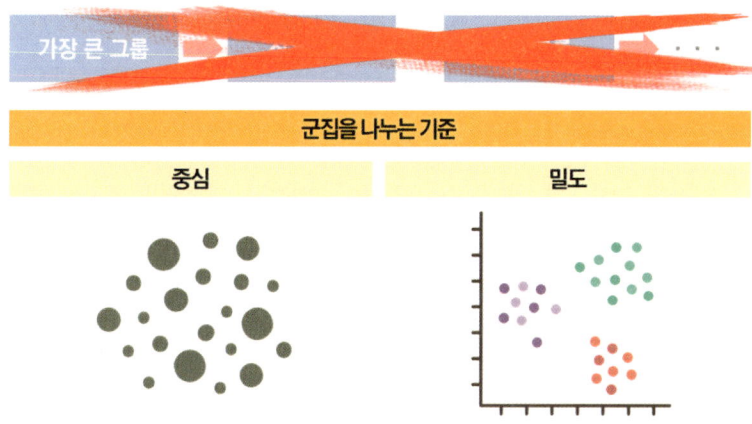

조를 짜기 위해 고민을 하던 어느 교실의 담임선생님을 다시 모셔온다.

계층적이지 않은 군집 분석 1
중심 기반 군집 분석: 조장 기준으로 조 짜기

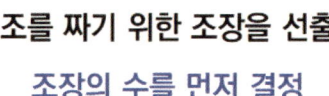

조를 짜기 위한 조장을 선출
조장의 수를 먼저 결정

이 담임선생님은 어느 날 조를 짜기 위한 기준으로 우선 조장을 뽑기로 하고, 그 조장을 중심으로 학생들을 모이게 하여 조를 짜는 방법을 생각해 냈다. 이 방법을 적용하려면 우선 조장을 몇 명 뽑을지 정해야 한다. 조장의 수는 최종적으로 만들어질 조의 수이므로 조장을 4명 뽑으면 당연히 조는 4개가 될 것이다. 그리고 학생들은 자신이랑 가까운 조장을 찾아 함께 조를 이룬다.

조장을 중심으로 조가 결정

조 = 군집
학생 = 데이터
조의 수 = 조장의 수

다른 말로 바꿔보자. '조'는 '군집'이고 '학생'은 '데이터'라고 했다. 조장은 곧 조의 '중심'이다. 조장을 몇 명 뽑을지 정하고 그 수만큼 조장을 뽑는다. 이후 그 조장과 가깝고 친한 학생들끼리 모여 앉아서 조를 만들 것이고, 그 조의 수는 처음 뽑은 조장의 수와 동일할 것이다. 즉, 중심 기반 군집 분석에서는 중심의 수(=조장의 수)를 먼저 정한다. 그러면 특정한 중심을 기준으로 해당 중심과 가까운 데이터들이 동일한 군집으로 묶이게 되고, 최종적으로 만들어지는 '군집의 수'는 처음에 결정한 '중심의 수'와 동일하다. 그리고 모든 조가 완성되면 각 조에 포함된 조원의 수도 자연스럽게 결정된다. 즉 중심 기반 군집 분석이 종료되면 각 군집에 속하는 데이터의 수가 결정된다.

계층적이지 않은 군집 분석 2
밀도 기반 군집 분석: '그대로 멈춰라' 게임으로 조 짜기

어느 날 담임선생님은 좀더 재미있게 조를 짜기 위한 방법을 생각해냈다. 책상과 의자를 다 치우고, 텅 빈 교실에서 전체 학생들을 대상으로 '그대로 멈춰라' 게임을 한다.

학생들은 자유롭게 움직이다가 선생님이 '그대로 멈춰라'라고 외치면 함께 조를 만들고 싶은 친구를 찾아가 손을 잡으면 되고, 서로 손에 손을 맞잡은 학생들끼리 한 조가 된다.

즉, 이 게임에서는 서로 가까운 거리에 붙어서 손을 맞잡은 학생들이 동일한 조가 되고, 게임이 종료되면 자연스럽게 조의 수도 정해지게 된다. 이처럼 밀도 기반 군집 분석은 서로 가까운 거리에 밀집되어 존재하는 데이터들을 동일한 군집으로 묶어 나가는 방법이다. 그런데 어떤 학생이 손을 아무도 맞잡지 않고 혼자 조를 하겠다고 했을 땐 그건 조라고 인정하기 힘들다. 단짝인 두 친구가 자기 둘만 조를 만들겠다고 해도 선생님 입장에서는 좀 더 많은 아이들과 조를 꾸려서 어울리길 바란다. 따라서 조라고 인정할 수 있는 최소 조원의 수를 먼저 정해야 한다. 따라서 밀도 기반 군집 분석에서는 '각 군집의 속하는 최소 데이터의 수'를 먼저 정하고, 군집 분석이 완료되면 자연스럽게 '군집의 수'가 결정된다.

그대로 멈춰라 게임
뭉친 아이들끼리 조를 구성
게임 종료 후 조의 수가 결정

만약 게임의 결과 어떤 조에만 조원이 지나치게 많아서 조원의 수가 불균형하거나, 절반씩 갈라져서 단 2개의 조만 생기는 바람에 나누어진 조의 수가 너무 적다고 생각되는 등 조를 잘 짜는 것이 힘들다고 생각되는 경우에는 조로 인정할 수 있는 최소 조원의 수를 3명에서 5명으로 늘려 다시 게임을 진행할 수도 있다.

계층적이지 않은 군집 분석을 다른 말로 바꾸어 부르면 '**비계층적 군집 분석**'이라고도 한다. 여기까지 설명한 내용을 표로 요약하면 아래와 같다.

계층적이지 않은 군집 분석(Non-Hierarchical Clustering) = 비계층적 군집 분석

비계층적 군집 분석의 종류		
그룹을 나누는 기준	중심	밀도
분석 시작 시 정해야 하는 것	중심의 수 (= 군집의 수)	각 군집에 속하는 최소 데이터의 수
분석 종료 후 결정되는 것	각 군집에 속하는 데이터의 수	군집의 수

3 계층적 군집 분석

앞서 계층적 군집 분석에서는 군집을 나누는 '기준'이 중요하다고 설명하였다. 앞서 제시한 학급 학생들을 그룹화한 예시에서는 이해를 돕고자 그 '기준'으로 '좋아하는 과목'을 제시하였지만, 실제로는 다양한 수치적인 지표를 기준값으로 활용한다는 내용도 설명한 바 있다. 여기서는 그 기준으로 각 데이터 사이의 '거리'를 활용하고자 한다. 그룹을 나누는 '기준'으로 '거리'를 활용하는 방법은 여러 가지가 있는데, 여기서는 그 방법들 중 대표적인 몇 가지 방법에 대해 살펴본다.

1. 최단연결법(Single Link)

군집을 나누는 기준

군집과 군집 사이의 거리 =
두 군집에 속하는 여러 데이터 중 가장 거리가 가까운 데이터 사이의 거리

우리는 그룹을 나누는 '기준'으로 '거리'를 활용한다고 하였다. 여기서 우리가 관심이 있는 '거리'는 '군집과 군집 사이의 거리'임을 기억하자. (데이터와 데이터 사이의 거리가 아니다.)

그런데 '군집과 군집 사이의 거리'를 계산하는 방법에는 여러가지 방법이 있을 수 있고, 어떤 방법으로 계산하는지에 따라 그 거리의 값도 달라질 것이다. 우리는 여기에서 두 개의 군집에 속하는 여러 데이터 중 가장 거리가 가까운 데이터 사이의 거리를 '군집과 군집 사이의 거리'라고 정의하기로 한다. 이러한 방법을 **최단연결법(Single Link)**이라고 부른다. 아래와 같이 분포된 데이터를 사례로 하여 최단연결법을 활용한 군집 분석을 수행해본다.

우선 '군집과 군집 사이의 거리'를 계산하려면 최초에 최소 두 개의 군집이 존재해야 한다. 군집이 없으면 당연히 거리도 계산할 수 없기 때문이다. 최초의 군집을 만들 때에는 각 데이터 간의 거리 중 가장 가까운 거리를 가진 데이터끼리 묶어서 만드는 것을 우리는 기본 원칙으로 정한다.

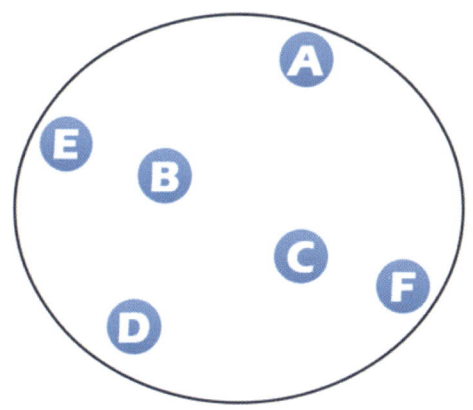

최단연결법을 활용한 군집 분석을 수행하고자 하는 데이터

위 그림에서 가장 거리가 가까운 데이터끼리 묶어보자. E 와 B의 거리와 C와 F의 거리가 다른 데이터 사이의 거리 보다 가까우므로 각각을 별개의 군집으로 나눌 수 있다. 남은 데이터인 A와 D는 각각 별개의 군집으로 묶기로 한다. 그리고 비로소 처음에 필요한 최초의 군집 4개를 만들어냈다. 이를 그림으로 나타내면 아래와 같다.

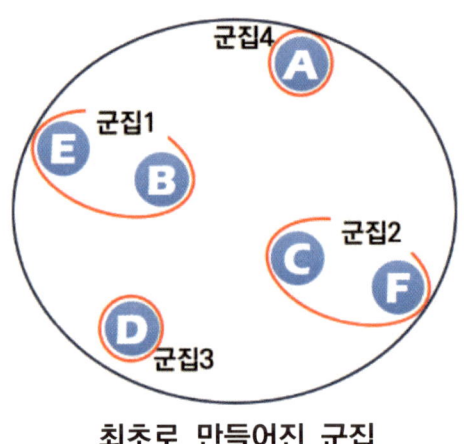

최초로 만들어진 군집

이제 여러 군집이 존재하므로 '군집과 군집 사이의 거리'를 계산할 수 있다. 우리는 그 계산 방법으로 두 군집에 속하는 각 데이터 중 가장 거리가 가까운 데이터 사이의 거리를 활용하기로 했다.

따라서 군집1과 군집2 사이의 거리는 B와 C 사이의 거리가 된다. 군집1과 군집3 사이의 거리는 B와 D 사이의 거리이다. 군집2와 군집3 사이의 거리는 C와 D사이의 거리이다. 군집1과 군집4 사이의 거리는 B와 A사이의 거리이고, 군집2와 군집4 사이의 거리는 C와 A 사이의 거리이다. 각 군집 사이의 거리를 녹색 화살표로 나타내어 그림을 다시 그리면 아래와 같다.

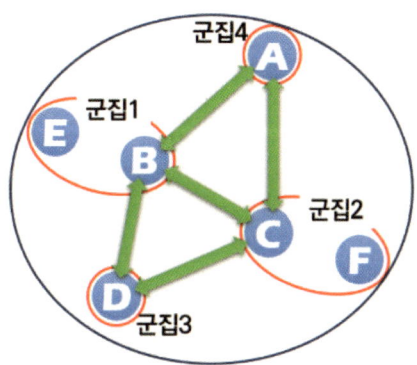

최단연결법에서 각 군집 사이의 거리를 나타낸 그림

우리가 지금 보고 있는 최단연결법에서는 녹색 화살표로 나타낸 각 거리들 중 가장 거리가 가까운 군집을 새로운 군집으로 묶는다. 이를 다시 그림으로 그리면 아래와 같다.

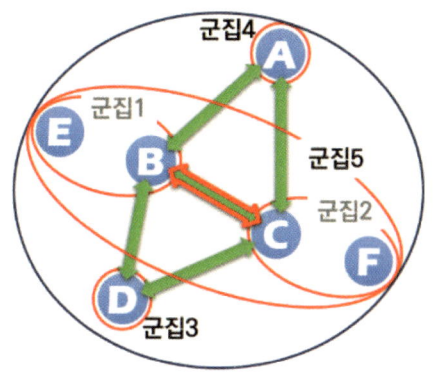

최단연결법을 활용하여 새로운 군집 [군집5]를 만든 그림

이제 군집1과 군집2가 상위 군집인 군집5에 속하게 되었으므로, 군집3, 군집4, 군집5 세 군집에 대하여 거리를 구하면 된다. 군집5와 군집3 사이의 거리는 B와 D 사이의 거리이고, 군집5와 군집4 사이의 거리는 C와 A 사이의 거리이다. 각 군집 사이의 거리를 녹색 화살표로 나타내어 그림을 다시 그리면 아래와 같다.

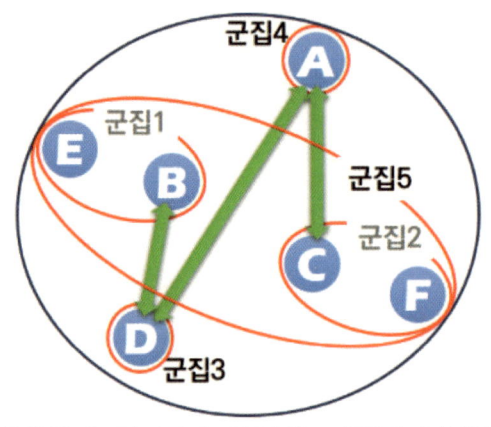

최단연결법에서 각 군집 사이의 거리를 나타낸 그림

최단연결법에서는 '군집과 군집 사이의 거리' 중 가장 거리가 가까운 두 군집을 새로운 하나의 군집으로 묶는다. 따라서 세 개의 녹색 화살표 중 가장 거리가 가까운 B와 D가 속한 두 군집인 군집5와 군집3을 새로운 군집으로 묶는다. 이를 다시 그림으로 그리면 아래와 같다.

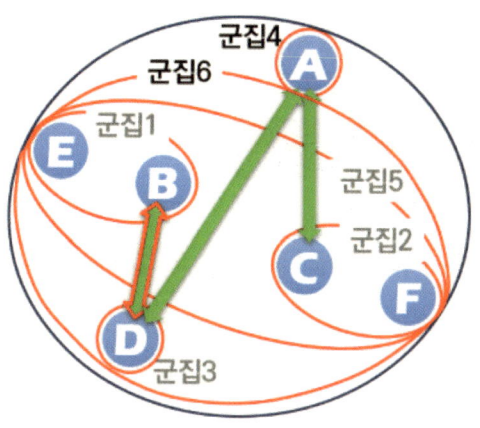

최단연결법을 활용하여 새로운 군집 [군집6]을 만든 그림

 이제 남은 군집은 군집6과 군집4의 2개뿐이므로, 마지막 두 군집을 묶은 군집이 가장 큰 군집이 된다. 이를 그림으로 나타내면 아래와 같다.

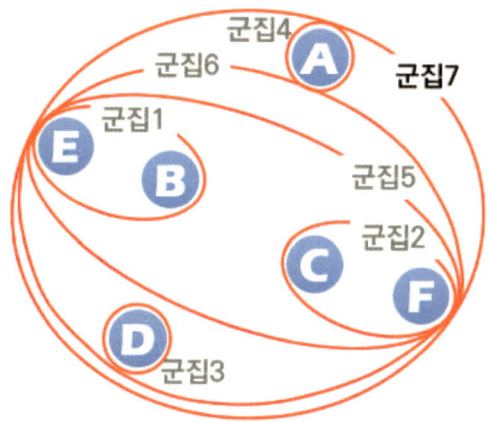

마지막 두 군집을 묶어 가장 상위의 군집 [군집7]을 만든 그림

2. 최장연결법(Complete Link)

군집을 나누는 기준

군집과 군집 사이의 거리 =
두 군집에 속하는 여러 데이터 중 가장 거리가 먼 데이터 사이의 거리

 우리는 지금 계층적 군집 분석의 방법을 보고 있다. 계층적 군집 분석에서는 그룹을 나누는 '기준'이 중요하다고 하였고, 우리는 여기서 그룹을 나누는 '기준'으로 '거리'를 활용한다고 하였으며, 여기서 말하는 '거리'란 '군집과 군집 사이의 거리'를 의미한다고 하였다.

 해당 거리를 계산하는 여러 가지 방법 중 여기에서는 두 개의 군집에 속하는 여러 데이터 중 가장 거리가 먼 데이터 사이의 거리를 '군집과 군집 사이의 거리'라고 정의하기로 한다. 이러한 방법을 **최장연결법(Complete Link)**이라고 부른다. 이번엔 아래 데이터를 다시 사례로 하여 최장연결법을 활용한 군집 분석을 수행한다.

 최초의 군집을 만들 때에는 각 데이터 간의 거리 중 가장 가까운 거리를 가진 데이터끼리 묶어서 만드는 것을 우리는 기본 원칙으로 정하였는데, 이 원칙은 최장연결법에서도 동

일하다. 최장연결법에서는 아래와 같은 최초의 군집을 초기 상태로 군집 분석을 시작한다.

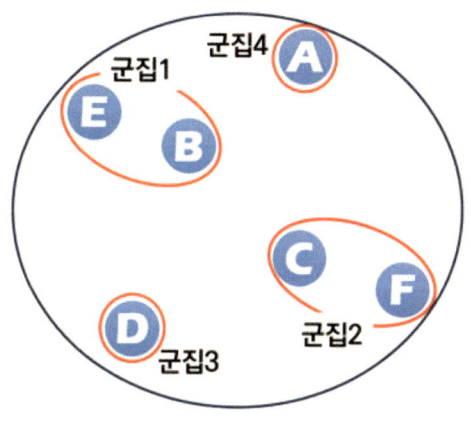

최초로 만들어진 군집

우리는 '군집과 군집 사이의 거리'를 계산하는 방법으로 두 군집에 속하는 각 데이터 중 가장 거리가 먼 데이터 사이의 거리를 활용하기로 했다.

따라서 군집1과 군집2 사이의 거리는 E와 F 사이의 거리이고, 군집1과 군집3 사이의 거리는 E와 D 사이의 거리, 군집2와 군집3 사이의 거리는 F와 D사이의 거리, 군집1과 군집4 사이의 거리는 E와 A사이의 거리, 군집2와 군집4 사이의 거리는 F와 A 사이의 거리이다. 각 군집 사이의 거리를 녹색 화살표로 나타내어 그림을 다시 그리면 아래와 같다.

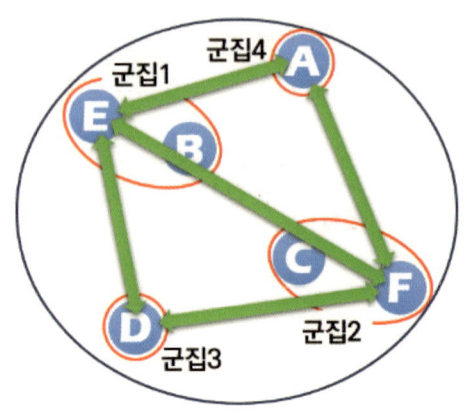

최장연결법에서 각 군집 사이의 거리를 나타낸 그림

최장연결법은 '군집과 군집 사이의 거리'를 계산하는 방법만 다를 뿐, 이미 계산된 '군집과 군집 사이의 거리' 중 가장 거리가 가까운 두 군집을 새로운 하나의 군집으로 묶는 원리는 동일하다. 따라서 세 개의 녹색 화살표 중 가장 거리가 가까운 E와 A가 속한 두 군집인 군집1와 군집4을 새로운 군집으로 묶는다. 이를 다시 그림으로 그리면 아래와 같다.

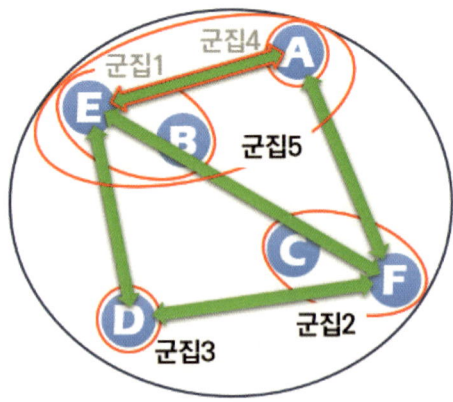

최장연결법을 활용하여 새로운 군집 [군집5]를 만든 그림

이제 군집1과 군집4가 상위 군집인 군집5에 속하게 되었으므로, 군집2, 군집3, 군집5 세 군집에 대하여 거리를 구하면 된다. 군집2와 군집3 사이의 거리는 F와 D 사이의 거리이고, 군집5와 군집3 사이의 거리는 A와 D 사이의 거리, 군집5와 군집2 사이의 거리는 E와 F 사이의 거리이다. 각 군집 사이의 거리를 녹색 화살표로 나타내어 그림을 다시 그리면 아래와 같다.

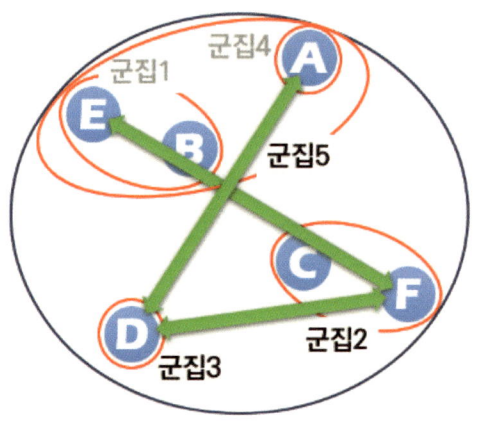

최장연결법에서 각 군집 사이의 거리를 나타낸 그림

최장연결법은 '군집과 군집 사이의 거리'를 계산하는 방법만 다를 뿐, 이미 계산된 '군집과 군집 사이의 거리' 중 가장 거리가 가까운 두 군집을 새로운 하나의 군집으로 묶는 원리는 동일하다고 하였다. 따라서 세 개의 녹색 화살표 중 가장 거리가 가까운 D와 F가 속한 두 군집인 군집2와 군집3을 새로운 군집으로 묶는다. 이를 다시 그림으로 그리면 아래와 같다.

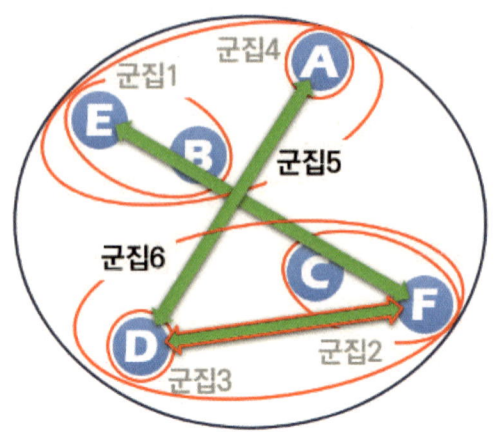

최장연결법을 활용하여 새로운 군집 [군집6]을 만든 그림

이제 남은 군집은 군집5와 군집6의 2개뿐이므로, 마지막 두 군집을 묶은 군집이 가장 큰 군집이 된다. 이를 그림으로 나타내면 아래와 같다.

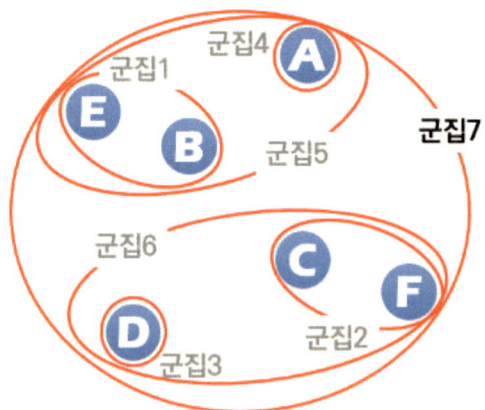

마지막 두 군집을 묶어 가장 상위의 군집 [군집7]을 만든 그림

4 계층적이지 않은 군집 분석(=비계층적 군집 분석)

1. K-평균 군집 분석(K-means Cluster Analysis)

군집을 나누는 기준 중심

다음으로 비계층적 군집 분석의 대표적인 알고리즘인 **K-평균 군집 분석(K-means Cluster Analysis)**에 대해 알아본다. 앞서 비계층적 군집 분석은 중심 기반 군집 분석과 밀도 기반 중심 분석의 두 종류가 있다고 설명하였는데, K-평균 군집 분석은 중심 기반 군집 분석의 한 종류이다. 따라서 각 군집의 중심의 위치가 중요하다.

K-평균 군집 분석에서는 군집 분석을 시작하기 전에 만들고자 하는 군집의 개수인 K와 각 군집의 중심들의 위치를 먼저 정한다. 이후 각각의 데이터를 가장 가까운 곳에 위치한 중심이 속한 군집으로 묶는다. 이후 K개 군집의 각 중심 위치를 방금 전 새롭게 묶인 군집의 중앙부로 다시 재조정한다. 더 이상 묶어진 군집의 변화가 없을 때까지 이러한 과정을 계속 반복한다. 이 내용을 요약하면 아래와 같다.

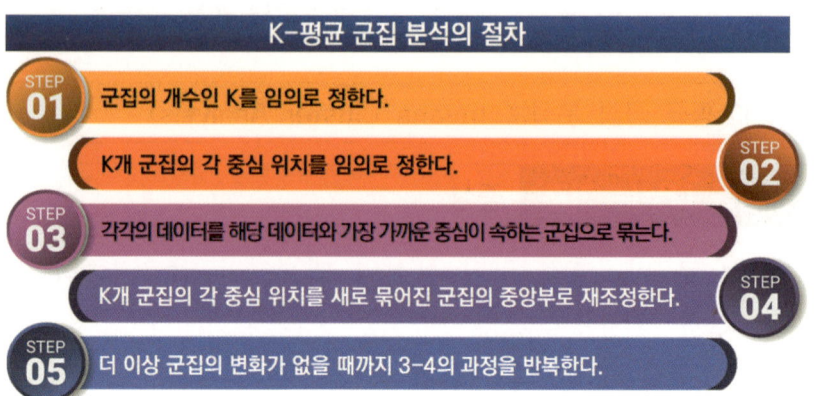

아래 제시된 데이터를 예시로 하여 K-평균 알고리즘을 활용한 군집 분석의 과정을 살펴본다.

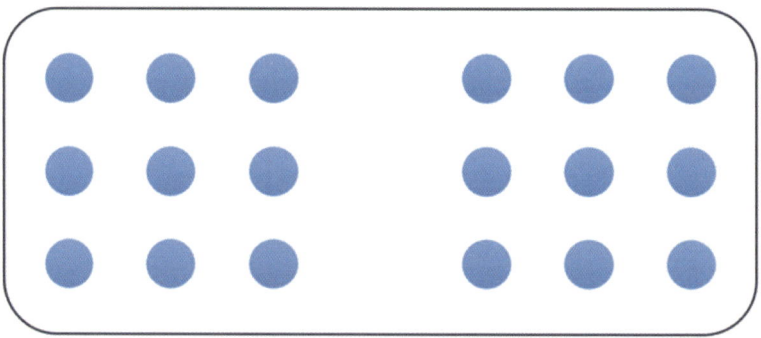

K-평균 알고리즘을 활용한
군집 분석을 수행하고자 하는 데이터

우선 만들고자 하는 군집의 개수인 K를 임의로 2로 정하고, 각 군집의 중심 위치를 아래 그림과 같이 임의로 정한다. 중심의 위치는 빨간색 네모로 표시한다.

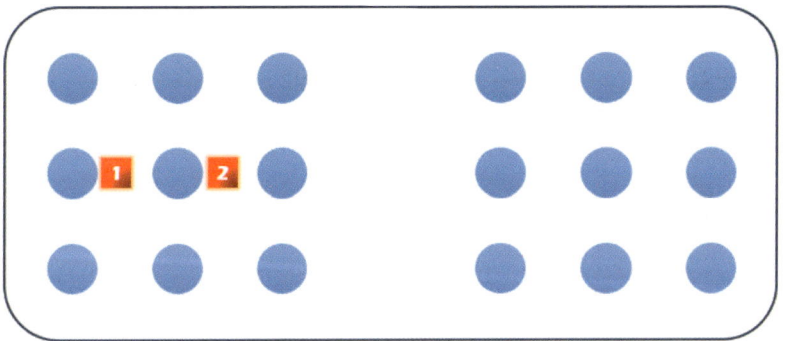

최초로 결정한 각 군집의 중심 위치

 이제 각각의 데이터를 해당 데이터와 가장 가까운 중심이 속하는 군집으로 묶는다. 이를 그림으로 나타내면 아래와 같다.

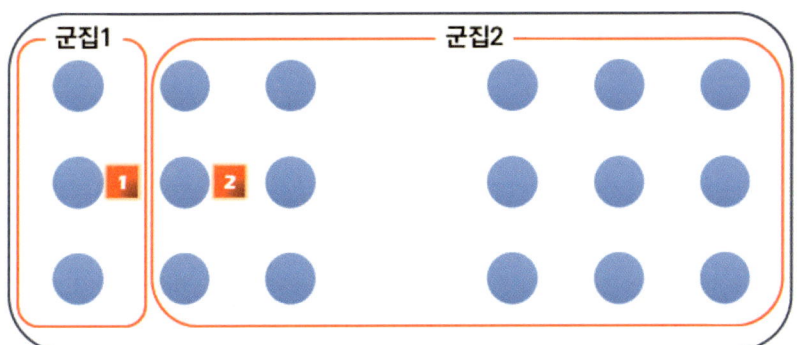

**각 데이터를 해당 데이터와
가장 가까운 중심이 속하는 군집으로 묶은 그림**

묶여진 군집 내에서, 중심의 위치를 해당 군집 전체 내에서 중앙부에 오도록 재조정한다. 이를 그림으로 나타내면 아래와 같다.

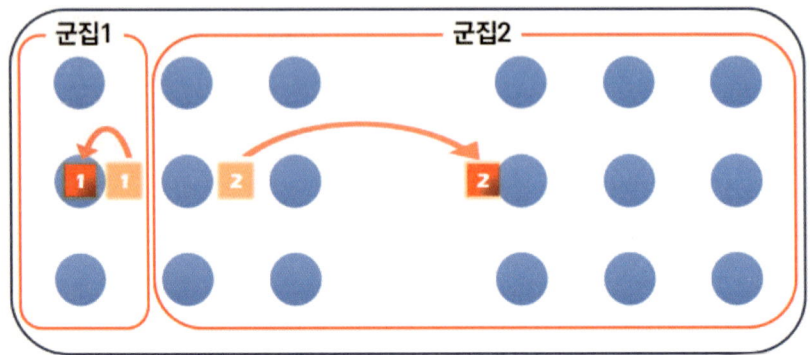

중심의 위치를 각 군집의 중앙부로 재조정한 그림

재조정된 중심의 위치를 기준으로, 다시 각각의 데이터를 해당 데이터와 가장 가까운 중심이 속하는 군집으로 새롭게 묶는다. 이를 그림으로 나타내면 아래와 같다.

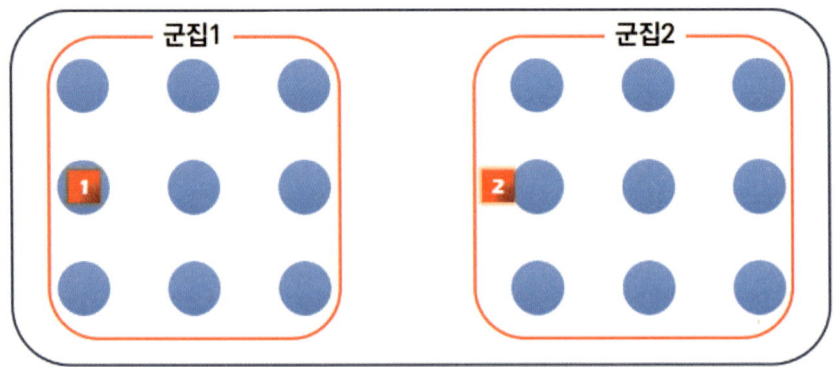

재조정된 중심을 기준으로
각 데이터를 새로운 군집으로 다시 묶은 그림

새롭게 묶여진 군집 내에서, 중심의 위치를 해당 군집 전체 내에서 중앙부에 오도록 다시 한번 재조정한다. 이를 그림으로 나타내면 아래와 같다.

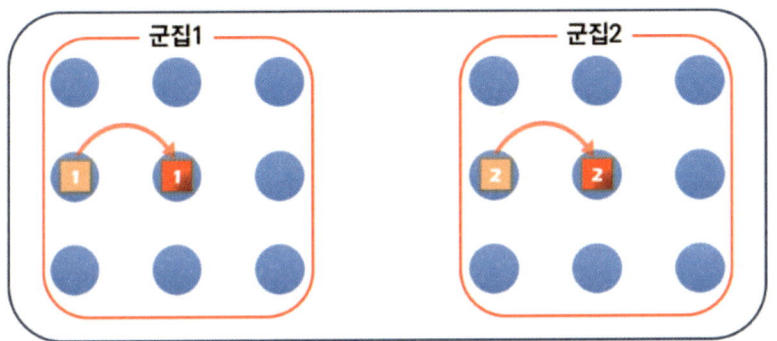

중심의 위치를 각 군집의 중앙부로 재조정한 그림

재조정된 중심의 위치를 기준으로 다시 각각의 데이터를 해당 데이터와 가장 가까운 중심이 속하는 군집으로 묶고자 하였으나, 이제는 더 이상 현재의 상태에서 변화가 없다. 그러므로 여기서 군집 분석이 종료된다.

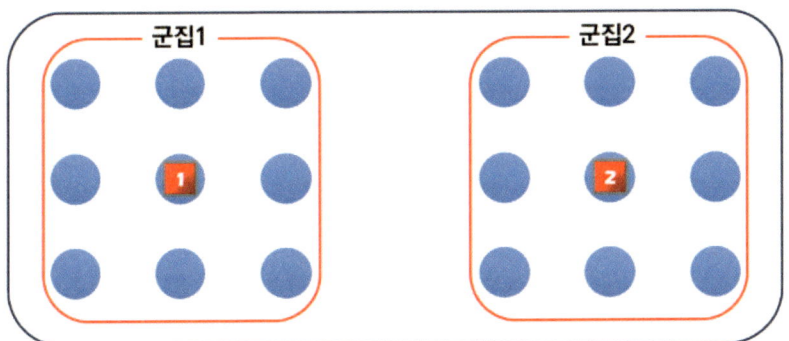

K-평균 군집 분석이 완료된 그림

2. DBSCAN 군집 분석(Density-Based Spatial Clustering of Applications with Noise)

| 군집을 나누는 기준 | 밀도 |

 비계층적 군집 분석의 또 다른 종류인 밀도 기반 군집 분석은 한 곳에 밀집된 데이터들을 하나의 군집으로 묶는 방법이다. 아래 그림의 데이터를 활용하여 밀도 기반 군집 분석의 대표 알고리즘인 **DBSCAN 군집 분석**에 대해 살펴본다.

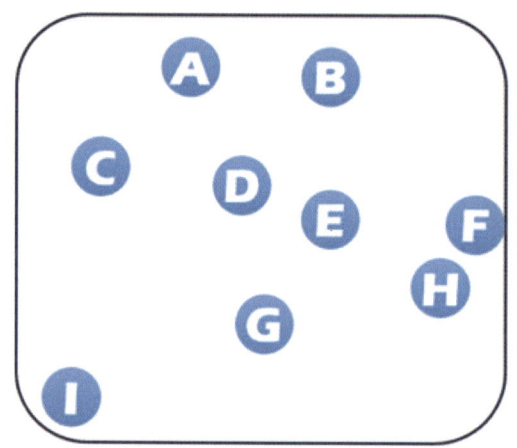

DBSCAN 알고리즘을 활용한
군집 분석을 수행하고자 하는 데이터

 앞서 설명하였듯 밀도 기반 군집 분석을 시작하기 전에는 '각 군집의 최소 데이터 수'와 '군집의 크기'를 먼저 결정해야 한다. 여기서는 '각 군집의 최소 데이터 수'를 5개, 군집의 크기를 반지름 3㎝ 크기의 원으로 결정한 후 군집 분석을 시작한다.

탐색 1 — 데이터 A

 데이터 A를 중심으로, 반지름 3㎝ 크기의 원 안에 A 이외의 다른 데이터가 4개 이상 존재하는지 확인해 본다. 데이터가 3개밖에 없으므로 군집은 만들어지지 않는다.

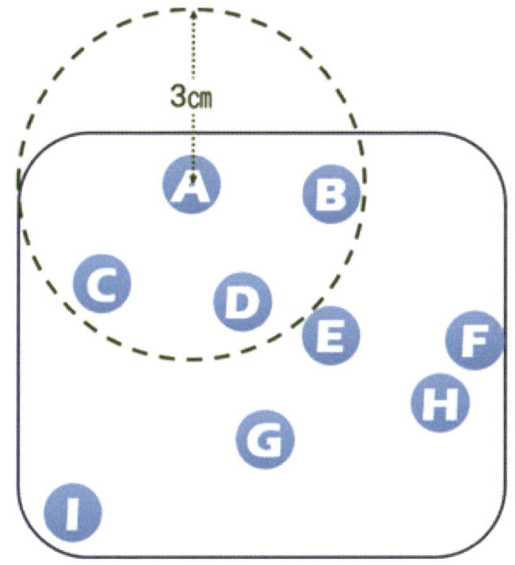

탐색 2 — 데이터 B

 데이터 B를 중심으로, 반지름 3㎝ 크기의 원 안에 B 이외의 다른 데이터가 4개 이상 존재하는지 확인해 본다. 데이터가 3개밖에 없으므로 군집은 만들어지지 않는다.

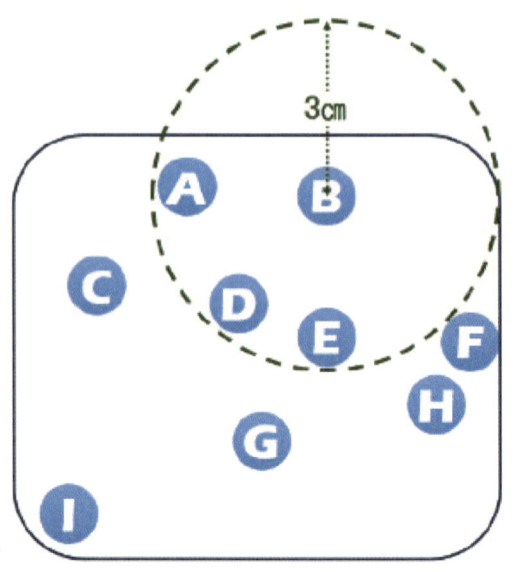

탐색 3 · 데이터 C

데이터 C를 중심으로, 반지름 3㎝ 크기의 원 안에 C를 제외한 다른 데이터가 4개 이상 존재하는지 확인해 본다. 데이터가 2개뿐이므로 군집은 만들어지지 않는다.

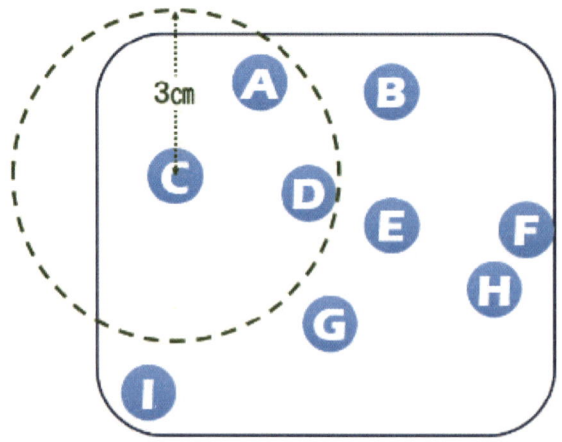

탐색 4 　 데이터 D

데이터 D를 중심으로, 반지름 3㎝ 크기의 원 안에 D 이외의 다른 데이터가 4개 이상 존재하는지 확인해 본다. 데이터가 5개이므로 군집이 만들어진다. 이를 [군집1]로 정의한다.

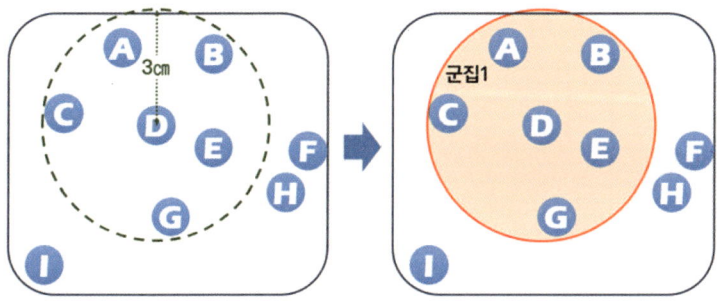

탐색 5 　 데이터 E

데이터 E를 중심으로, 반지름 3㎝ 크기의 원 안에 E를 제외한 다른 데이터가 4개 이상 존재하는지 확인해 본다. 데이터가 5개이므로 군집이 만들어지는데, 이 군집은 기존에 E가 속해 있던 군집인 [군집1]과 함께 묶인다.

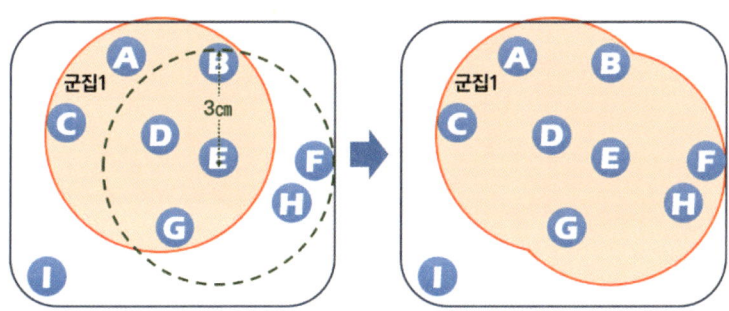

| 탐색 6 | 데이터 F |

 데이터 F를 중심으로, 반지름 3㎝ 크기의 원 안에 F를 제외한 다른 데이터가 4개 이상 존재하는지 확인해 본다. 데이터가 2개밖에 없으므로 군집은 만들어지지 않는다.

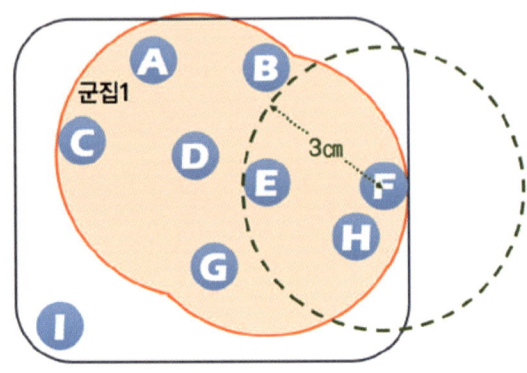

| 탐색 7 | 데이터 G |

 데이터 G를 중심으로, 반지름 3㎝ 크기의 원 안에 G 이외의 다른 데이터가 4개 이상 존재하는지 확인해 본다. 역시 데이터가 2개밖에 없으므로 군집은 만들어지지 않는다.

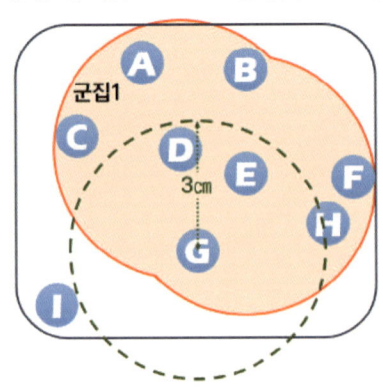

탐색 8 데이터 H

 데이터 H를 중심으로, 반지름 3㎝ 크기의 원 안에 H를 제외한 다른 데이터가 4개 이상 존재하는지 확인해 본다. 데이터가 2개뿐이므로 군집은 만들어지지 않는다.

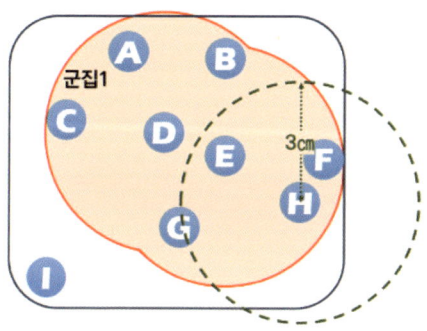

탐색 9 데이터 I

 데이터 I를 중심으로, 반지름 3㎝ 크기의 원 안에 I 외의 다른 데이터가 4개 이상 존재하는지 확인해 본다. 원 안에 데이터가 존재하지 않으므로 군집은 만들어지지 않는다.

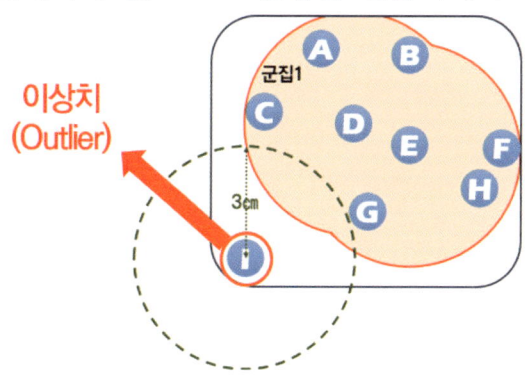

생성된 1개의 군집에 전체 데이터 9개 중 8개가 포함되지만, 1개는 포함되지 않는다. 그림으로 보아도 포함되지 않는 하나의 데이터 I는 군집과 멀리 동떨어져 있음을 알 수 있는데, 이처럼 관측된 데이터들이 주로 모여 있는 곳에서 멀리 동떨어져 있어서 특정 그룹으로 묶이지 못하는 데이터를 정상 범위에 속하지 않는 데이터라는 의미에서 **이상치(Outlier)**라고 부른다. 실제 데이터를 다루고 분석하는 작업을 할 때에는 이러한 이상치 데이터를 얼마나 잘 솎아내는지가 정확한 결과를 도출하는 데 중요한 역할을 한다.

8 반지도학습의 이해

앞서 머신러닝의 방법론을 지도학습과 비지도학습, 반지도학습으로 나누어 살펴본 바 있다. 그리고 6장에서는 지도학습의 일종으로서 분류 분석을, 7장에서는 비지도학습의 일종으로서 군집 분석을 다루었다. 이제 남은 것은 반지도학습뿐이다. 이 장에서는 아직까지 다루지 않은 **반지도학습(Semi-supervised Learning)**에 대해 살펴본다.

1 반지도학습의 개념

3장에서 머신러닝의 방법론을 설명할 때 사용하였던 표를 다시 가져온다.

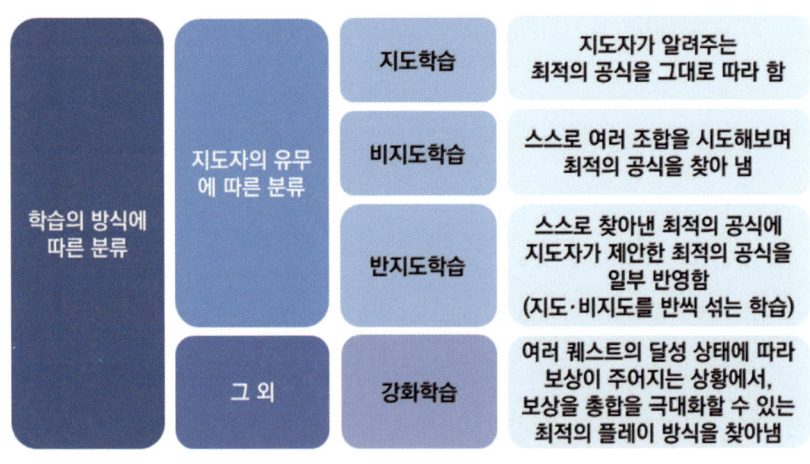

학습의 방식에 따라 분류한 머신러닝의 방법

머신러닝이 우리가 풀고자 하는 문제이고 그 최적해가 우리가 찾고자 하는 정답이라고 설명한 바 있다. 지도학습은 지도자가 알려주는 정답을 따라서 그대로 학습하는 것이고, 비지도학습은 정답을 알려주는 사람 없이 스스로 여러 시도를 해 보면서 정답을 찾아내는 방식이다. 그리고 반지도학습은 두 방법을 반씩 섞어서 정답을 알아내는 방법이라고 했다. 이를 다시 말하면, 일부 정답은 알려져 있지만 일부의 정답은 알려져 있지 않은 상태에서, 그 일부의 정답을 활용하여 숨겨진 정답을 찾아내는 방식이 반지도학습이다.

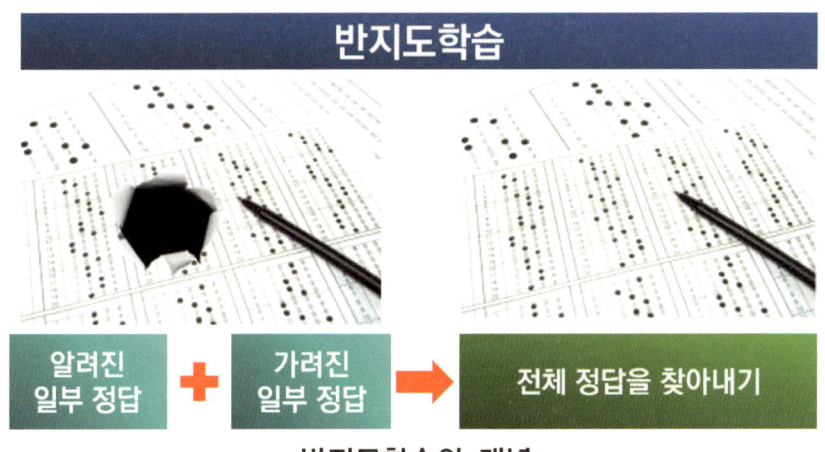

반지도학습의 개념

 그렇다면 일부의 정답만으로 어떻게 숨겨진 정답을 찾아낼 수 있을까? 여기엔 크게 세 가지 방법이 존재한다. 첫 번째는 문제를 낸 사람에게 직접 찾아가서 정답을 물어보는 것이다. 두 번째는 정답을 모르는 사람들과 아는 사람들끼리 토론을 해서 정답을 찾아내는 것이다. 세 번째는 정답을 모르는 사람들이 직접 데이터와 정보를 수집하고 다른 문제들의 정답을 참고하면서 스스로 정답을 알아내는 것이다.

첫 번째 방식을 우리는 어려운 말로 **능동학습(Active Learning)**이라고 부른다. 두 번째 방식은 **협동학습(Co-Learning)**, 세 번째 방식은 **자가학습(Self-Learning)**이라고 부른다.

2 반지도학습의 특징

　지도학습, 비지도학습과 비교하여 반지도학습의 특징에 대해 살펴본다. 지도 학습은 지도자가 알려주는 정답을 그대로 따라하기만 하면 정답에 도달할 수 있어서 정확도가 높은 반면 지도자가 알려주는 내용 하나하나를 일일이 확인하고 따라해야 하므로 시간이 오래 걸리고 속도가 느리다. 또 지도자가 알려주는 내용이 많아질수록 그 속도와 시간은 몇 배로 늘어난다. 하지만 학습에 학습을 거듭할수록 그 정확도 또한 몇 배로 늘어나게 된다.

　반면 비지도학습은 이끌어주는 사람이 아무도 없이 아무것도 모르는 상태에서 혼자만의 힘으로 모든 정답을 찾아가야 하므로 스스로 정답을 찾았다고 할지라도 그 정답이 진짜로 맞는 정답인지 확신할 수 없다. 그리고 정답 여부를 확인하거나 검증할 방법 또한 없기 때문에 나의 정답률을 어떤 수치로 나타내기도 어렵다. 반면 외부의 개입을 받지 않으므로 시간이 적게 걸리며 학습에 학습을 거듭할수록 노하우가 쌓이게 되면서 학습 속도가 점점 빨라지는 장점이 있다.

그렇다면 반지도학습은 어떨까? 반지도학습은 지도학습과 비지도학습을 절반씩 섞어 만든 학습 방법이기 때문에 그 장단점도 혼용되어 있다. 반지도학습의 구체적인 진행 패턴에는 지도학습을 먼저 진행하다가 중간에 비지도학습을 진행하는 경우도 있고, 비지도학습을 먼저 진행하다가 중간에 지도학습을 병행하는 경우도 있다.

즉 목적과 그룹을 사전에 정해놓은 상태에서 지도학습의 일종인 분류 분석을 먼저 수행하여 데이터를 어느 정도 분류해 놓은 후 이후 목적 없이 데이터를 무작정 나누는 군집 분석을 시행하여 새로운 목적과 그룹을 발견하는 경우도 있고, 사전에 목적이나 그룹이 정해지지 않은 상태에서 군집 분석에 따라 일단 데이터를 나누어 가다가 중간에 목적이나 그룹을 새로 정해서 일부 데이터를 그 목적과 그룹에 맞게 분류하는 분류 분석을 병행하는 경우도 있는 것이다.

따라서 반지도학습은 그 과정에서 지도학습을 수행할 때에는 지도학습의 장단점이, 비지도학습을 수행할 때에는 비지도학습의 장단점이 나타나게 된다. 따라서 반지도학습은 궁극적으로 시간을 줄이고 속도를 높이면서 분석의 정확도와 신뢰도를 함께 높이는 방법으로 활용되고 있다.

3 반지도학습의 방법: 미술부와 성악부 나누기

이제 앞서 소개한 반지도학습의 세 가지 방식을 이해하기 위해 다시 어느 교실을 찾아간다. 이 반에는 두 개의 동아리가 존재하는데, 하나는 미술부이고 또 하나는 성악부이다. 그리고 매년 초 담임선생님이 학생들의 생활기록부와 과목별 성적, 아이들과의 면담, 적성과 흥미 등을 고려해 미술부와 성악부에 아이들을 배정한다. 대다수 아이들은 자신이 미술부 소속인지 성악부 소속인지 잘 알고 있지만, 동아리 활동에 별로 관심이 없는 일부 아이들은 자신이 어디 소속인지 모른다. 또 얼마 전 새로 전학을 와서 동아리 배정을 못 받은 학생도 있다.

그리고 어느 날 담임선생님에게 갑자기 외부 출장이 생겨 학생들을 불러모아 미술부는 미술부끼리 모여 만화를 그리고, 성악부는 성악부끼리 모여 노래를 부르라고 하고 출장을 떠났다. 모든 학생들은 필수적으로 동아리 활동에 참여해야 하므로, 우리의 목표는 자신의 소속을 아는 학생들뿐만 아니라 모르는 학생들, 그리고 아직 배정을 못 받은 학생들까지 모두 포함하여 아이들 전체를 미술부와 성악부로 정확하게 나누는 것이다.

여기서 정확한 동아리 소속을 아는 것이 정답이라고 했을 때, 일부의 정답은 알려져 있고 일부의 정답은 알려져 있지 않으므로 우리는 반지도학습을 활용할 수 있다.

1. 능동학습(Active-Learning)

가장 능동적이고 적극적으로 문제를 해결하는 방법은 직접 선생님께 전화를 걸어 여쭤보는 것이다. 그리고 만약 최근에 전학 온 친구가 아직 배정을 받지 않은 경우 직접 선생님께 배정해달라고 요청하는 것이다. 그러면 가장 빠르고 정확하게 동아리 배정을 마칠 수 있을 것이다.

이처럼 가장 능동적이고 적극적으로 직접 문제를 낸 사람에게 정답을 물어보는 반지도학습의 방식을 우리는 **능동학습(Active Learning)**이라고 부른다.

2. 협동학습(Co-Learning)

두 번째는 정답을 아는 친구들에게 도움을 요청하는 것이다. 정답을 아는, 즉 자신이 어느 동아리 소속인지 아는 친구들과 모르는 친구들이 서로 토론을 하고 협력해서 모르는 친구들이 소속을 찾아낸다.

예컨대 미술부 친구들과 자주 어울려 다니는 친구는 자신이 미술부로 배정받았다는 것을 미술부 친구로부터 알아낼 수 있다. 그리고 성악부 친구와 같이 성악 학원을 다녔던 아이는 그 친구로부터 자신이 성악부 소속임을 알아낸다. 또 집중력과 기억력이 좋은 친구가 짝꿍인 아이는 그 친구를 통해 자신이 어디로 배정받았는지 알아낸다. 그리고 새로운 전학생은 반장으로부터 "전학생은 사람이 더 적은 동아리로 배정받는 규칙이 있다"는 얘기를 들음으로써 자신이 어디로 배정받게 될지 알게 되었다.

3. 자가학습(Self-Learning)

하지만 선생님에게 여쭤볼 만큼 능동적인 성격도 아니고, 내성적인 성격 탓에 물어볼 친구가 없는 어떤 친구는 자기 스스로의 힘만으로 자신이 속한 동아리를 찾아내고자 한다.

미술부 아이들의 특성과 성악부 아이들의 특성을 곰곰이 연구하던 이 아이는 미술부 아이들이 모두 미술 대회에서 상을 받은 적이 있고, 성악부 아이들은 음악 실기 점수가 모두 90점이 넘는다는 사실을 알아내었다. 그리고 미술부 친구들은 다들 다룰 줄 아는 악기가 없지만, 성악부 친구들은 다룰 줄 아는 악기가 최소 한 개 이상 있다는 것을 발견했다. 이를 자신에게 적용해보니 지난 미술대회에서 은상을 받았던 기억이 떠오른다. 자신의 음악 실기 점수를 생각해보니 80점에도 미치지 못한다. 심지어 다룰 줄 아는 악기도 없다. 마침내 이 아이는 자신이 미술부에 배정받았다는 사실을 알아내게 되었다.

이처럼 정답을 모르는 학생이 정답을 아는 일부 학생들의 정보와 데이터를 스스로 찾아보고 이를 다른 정답들과 비교해 보면서 알려지지 않은 정답을 혼자 힘으로 찾아내는 방식을 **자가학습(Self-Learning)**이라고 한다.

4 SGAN 알고리즘: 베낀 숙제 잡아내기

 이제 구체적인 반지도학습의 알고리즘의 사례를 하나 살펴보고자 한다. 다시 어느 교실로 찾아가자. 이 교실의 담임선생님은 아이들이 책을 열심히 읽었으면 하는 마음에 매주 책 한 권을 읽고 독후감을 써 오는 숙제를 내 준다. 그런데 그 반 아이들은 독서를 지독히 싫어해서 절반 이상의 아이들이 다른 친구의 독후감을 베껴온다. 늘 좋은 말로 타이르던 선생님은 베끼는 아이들이 점점 늘어나자 특단의 대책을 세우고자 한다. 베낀 아이들을 잡아내어 그 학생들에게 급식을 제일 늦게 먹도록 하는 벌을 주기로 마음먹는다. 다행히 매번 성실하게 정직한 독후감을 쓰는 아이들이 누구인지와 상습적으로 독후감을 베껴서 내는 몇몇 아이들이 누구인지는 선생님이 온전히 다 파악하고 있다.

즉 여기서 우리가 풀어야 하는 문제는 '베낀 독후감 잡아내기'이고, 알려진 일부 정답은 '베끼지 않고 정직하게 쓰여진 독후감', 숨겨진 일부 정답은 '정직하게 쓰였는지 불확실하여 확인이 필요한 독후감'이 될 것이다. 우리는 반지도학습을 배우고 있는 만큼 알려진 일부 정답(정직한 독후감)과 일부 오답(베낀 독후감), 알려지지 않은 일부 정답(미확인 독후감)의 정보를 적절하게 활용해서 이 미확인 독후감들이 정직한 독후감을 베꼈는지 여부를 정확하게 가려내는 것이다.

다행히 처음에는 아이들이 너무 안일하게 베낀 탓인지 선생님은 단순히 제목만 보고도 베낀 독후감을 쉽게 구별할 수 있었다. 그런데 한 달쯤 지나자 아이들의 수법이 점점 고도화되어 이제는 제목만으로 구별할 수 없고, 서론과 결론까지 살펴보아야 정직한 독후감과 베낀 독후감을 가려낼 수 있게 되었다. 나아가 두 달 정도 흐르자 이제는 선생님이 본론을 한 문장 한 단어씩 모두 뜯어보고 비교해 보아야 베낀 독후감을 구별할 수 있는 지경에 이르게 되었다.

이제 선생님은 더 강한 대책이 없을까 고민하다가, 대충 베낀 아이들과 중간쯤 베낀 아이들, 그리고 치밀하게 베낀 아이들을 나누어 각기 다른 벌을 주기로 했다. 대충 베낀 아이들은 급식을 하루만 늦게 먹어도 되지만 중간쯤 베낀 아이들은 3일, 그리고 치밀하게 베낀 아이들에게는 7일동안 급식을 늦게 먹도록 결정한 것이다.

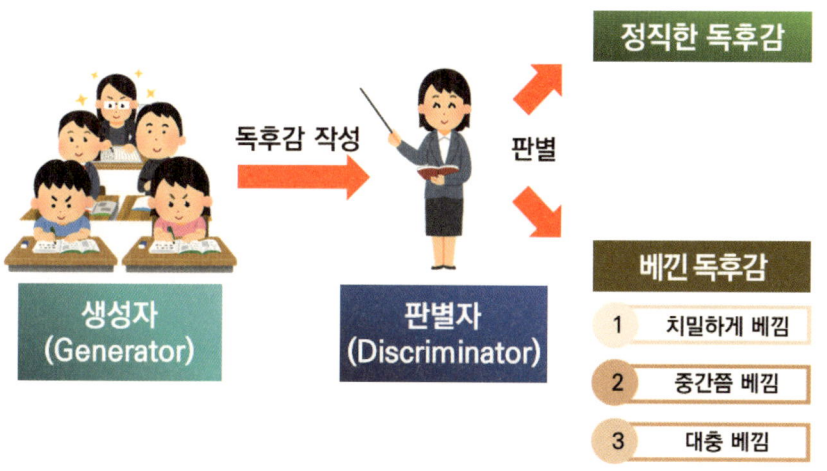

이처럼 정답과 오답을 분류해야 하는 상황에서 일부의 정답만이 알려져 있을 때, 생성자(Generator)가 생성해내는 오답을 단계별로 더 세밀하고 정확하게 나누어 구분할 수 있는 똑똑한 판별자(Discriminator)를 길러내는 반지도학습 알고리즘을 SGAN(Semi-Supervised Generative Adversarial Network) 알고리즘 이라고 부른다.

위의 사례에서는 숙제를 해 오는 아이들이 **생성자**

(Generator), 베낀 숙제를 판별해야 하는 선생님이 **판별자** (Discriminator)가 되고, 선생님을 점점 더 똑똑한 판별자로 성장시키는 것이 이 알고리즘의 목적이 된다. 아이들은 정직한 독후감을 써 오는 아이들도 있고 베낀 독후감을 써 오는 아이들도 있기 때문에 생성자가 만드는 데이터에는 정답과 오답이 모두 포함되어 있다.

SGAN 알고리즘 역시 기계가 스스로 학습하고 성장해 나가는 머신러닝의 일종이다. 따라서 이를 기계의 관점에 적용해보면 마치 선생님이 나날이 보게 되는 숙제들이 늘어날 때마다 그 판별력을 점점 높여나가는 것처럼, 기계는 알려진 일부 정답 데이터와 일부 오답 데이터를 기초로 새로이 생성되는 정·오답 데이터를 날마다 학습하면서 그 판별력을 점점 높여나가게 된다.

5 반지도학습의 사례

얼굴인식(Facial Recognition) 및 영상처리(Image Processing)

실생활에서 반지도학습이 적용되는 대표적인 사례는 구글 포토(Google Photo)와 같은 **얼굴인식(Facial Recognition)** 분야이다. 구글에 업로드된 수많은 인물 사진들 중 구글은 일부 사진에 대해서는 그 사진의 주인공이 누구인지 알고 있고, 일부 사진에 대해서는 알지 못한다. 즉 구글은 주인공 정보를 이미 알고 있는 사진들을 일정한 패턴에 따라 군집화하고 각각의 군집마다 그 사람들에 대해 고유한 인물 정보를 저장해 둔다. 그리고 이후에 다량의 사진이 업로드될 때 기존의 사진들을 통해 학습된 패턴과 군집화된 정보를 통해 특정 인물이 있는 사진만을 골라낼 수 있다. 또한 같은 맥락에서 반지도학습은 수많은 영상 장면들 속에서 특정 인물을 추출하거나 의미 있는 데이터를 뽑아내는 **영상처리(Image Processing)** 기술에도 활용된다.

이상 탐지(Anomaly Detection)

또한 앞서 **이상치(Outlier)**라는 개념에 대해 설명한 바 있는데, 이상치를 잘 솎아내는 것이 분석의 정확도를 높이는 데 중요하다고 하였다. 반지도학습은 이러한 이상치를 탐지하는 데에 주로 쓰이며 실제로 **이상 탐지(Anomaly Detection)** 기술에는 지도학습 대신 비지도학습이나 반지도학습이 주로 활용된다.

 예를 들어 금융회사 담당자가 수많은 신용카드 거래 내역 중 사기 거래를 찾아내고자 하는 경우, 이미 갖고 있는 수많은 정상 거래 데이터와 소수의 이상 거래 데이터를 기반으로 확인이 필요한 미지의 데이터들에 대해서 반지도학습을 수행하는 것이다.

9 강화 학습의 이해

이 장에서는 강화 학습의 개념에 대해 살펴본다. 강화 학습의 구체적인 알고리즘과 그 세부 내용에 대해 이야기하는 것은 이 책의 범위를 넘어서므로 강화 학습의 개념과 활용 분야에 대해 큰 그림에서 이해하는 것이 이 장의 목적이다.

| 1 | 강화 학습의 개념 |

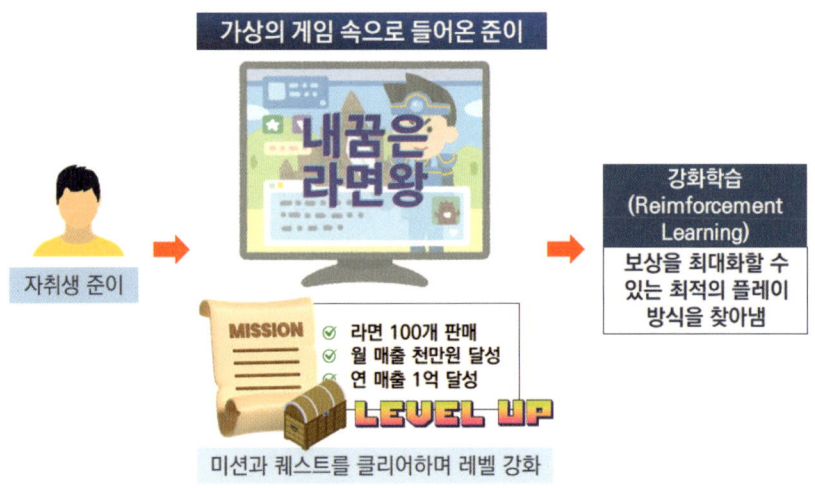

이 책의 초반부에 등장한 라면을 잘 끓이고 싶은 자취생 '준이'의 사례에서, '내꿈은 라면왕'이라는 가상의 게임 속 세계에서 '최고의 라면왕'이 되고픈 라면집 사장 준이를 기억할 것이다. 게임 세계에서 준이는 게임에서 주어지는 퀘스트를 달성하면서 보상을 얻을 수 있는데, 여기서 준이가 각 보상의 총합을 최대화할 수 있는 최적의 플레이 방식을 찾아내어 게임 레벨을 '강화해가는' 방식의 학습이

'**강화 학습(Reinforcement Learning)**'이라고 설명한 바 있다.

이는 우리가 일상 생활에서 특정한 상황에서 특정한 행동을 하고, 그 결과에 따라 상황이 변화하고 변화한 상황에서 보상을 얻거나 손실을 보게 되면 다음엔 더 큰 보상을 얻거나 손실을 줄이기 위해서 그와 유사한 상황에서 앞서 했던 행동과 다른 행동을 하게 되는 시행착오와 학습의 과정과 유사하다.

다만, 우리는 '머신러닝'에 대해 배우고 있다는 점을 기억하자. 머신러닝, 즉 다른 말로 기계학습이란 '학습의 주체'로서 기계가 사람의 도움 없이 인공지능을 스스로 알아서 학습하도록 만드는 기술이라고 설명한 바 있다. 따라서 사람이 환경의 변화에 따라 시행착오를 겪으며 행동양식을 바꾸어 나가는 학습의 과정을 '기계가 알아서 스스로 터득해 나가는 과정'이 '머신러닝'에서 말하는 '강화 학습'이다.

따라서 강화 학습은 '사람'의 개입 없이 모든 학습을 기계가 스스로 알아서 수행하는 기술이기 때문에, 학습의 주체도 기계이지만 학습의 내용도 '사람'으로부터의 학습이 아닌 '환경의 변화'로부터의 학습을 의미한다. 예컨대 게임 세계에서 처음엔 작은 라면집 사장이었던 준이는 퀘스트를 클리어 해 나가고 라면 지점이 늘어갈 때마다 관리해야 할 범위가 늘어나고 응대해야 할 고객이 늘어나는 환경의 변화에 따라 다른 이전의 환경과 다른 행동을 취해야 한다.

요컨대 강화 학습은 아래와 같은 세 단계의 순서를 반복하면서 진행되며, 이 모든 학습의 과정은 사람의 개입 없이 기계가 스스로 알아서 진행한다. 또한 사람이 시행착오를 겪고 학습을 하게 되면 더 지혜롭게 성장하는 것과 마찬가지로, 매 학습을 반복할 때마다 기계도 지혜를 얻으며 기계가 지닌 인공지능의 수준도 자연스럽게 발전하게 된다.

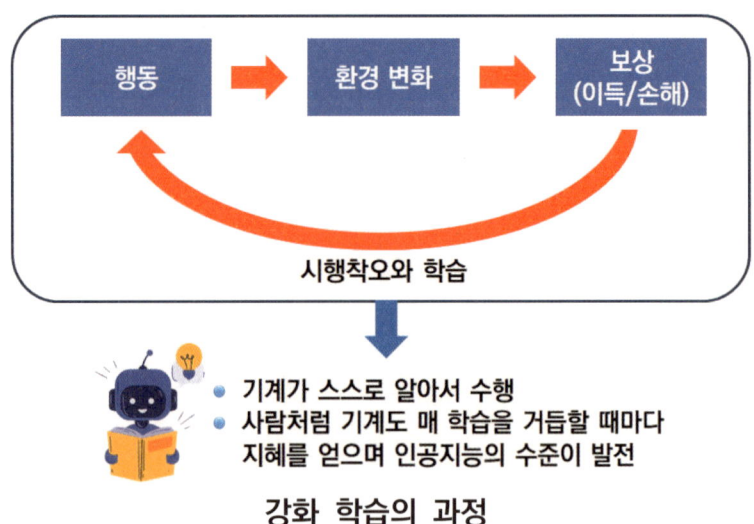

강화 학습의 과정

2 강화 학습의 예시

강화 학습이 현실에서 활용되는 사례들에 대해 살펴본다. 강화 학습은 앞서 살펴본 게임 외에도 자율주행, 로봇 등에서 두각을 나타내고 있다.

대표적인 사례로 알파고는 수많은 대국을 통해 기보를 스스로 학습하는 강화 학습의 과정을 통해 이세돌과의 대국에서 승리하며 전 세계인의 이목을 집중시켰다. 아울러 테슬라로 대표되는 자율주행 자동차는 스스로 주행의 방법을 결정하고, 그에 따른 주행 환경에 변화와 차량의 상태 변화를 계속적으로 학습하는 강화 학습 기술을 활용하고 있다.

또한 알파고를 개발한 구글 딥마인드는 바둑에 이어 스타크래프트2라는 게임에서도 알파스타라는 인공지능 플레이어를 개발 중에 있는데, 여기에도 알파고와 동일한 강화 학습 기술이 적용되어 있다.

다만 강화 학습은 기술의 성숙도 측면에서 볼 때 아직 머신러닝의 전체 발전 수준과 딥러닝의 발전 수준에 비해 이제 막 걸음마를 뗀 단계이기 때문에, 실생활의 다양한 분야에 의미 있게 적용되고 활용되기 위해서는 앞으로 더 많은 연구와 투자가 필요하다.

3 마르코프 결정 과정(MDP, Markov Decision Process)

강화 학습의 대표적인 알고리즘으로 **마르코프 결정 과정(MDP, Markov Decision Process)**이 있다. 이는 앞서 설명한 강화 학습의 과정인 행동→환경 변화→보상→학습의 과정을 수학적으로 풀이하기 위한 알고리즘으로, 여기서는 그 자세한 수학적 내용에 대해서는 다루지 않고, 알고리즘의 개념에 대해서만 이해하고자 한다.

- 행동→환경 변화→보상→학습의 과정을 수학적으로 풀이하기 위한 알고리즘
- 과거에 상황이 변화했던 이력이 현재 의사 결정에 영향을 미치지 않음
- 미래는 오로지 현재에 의해서만 결정

마르코프 결정 과정의 특징

앞서 강화 학습은 '상황'으로부터 학습을 한다고 설명한 바 있다. 다만 마르코프 결정 과정에서 의미하는 '상황'이란, 과거에 상황이 변화했던 이력이 현재 의사 결정에 영향을 미치지 않는 상황을 의미한다. 즉 마르코프 결정 과정에서 미래는 오로지 현재에 의해서만 결정된다.

예컨대, 체스 게임을 할 때에는 과거에 상대방의 비숍이 어디에 있었고, 이전에 폰을 몇 번이나 움직였고, 지금 내 나이트 옆에 있는 상대의 룩은 어느 곳에서 출발해서 여기까지 왔는지 등 과거에 있었던 수많은 말의 움직임이 현재

내가 어떤 말을 어디로 움직일지 결정하는데 아무런 영향을 미치지 못한다. 체스 게임에서는 현재 상황에서 상대가 앞으로 둘 수 있는 수와 내가 맞이하게 될 미래를 잘 내다보며 지금 이 순간에 최선의 수를 두는 것이 가장 중요하기 때문이다. 즉 지금까지 나와 상대가 하고 있던 체스 게임을 전혀 보지 못했던 체스대회 챔피언인 내 친구가 지금 내 턴이 된 바로 직후에 내 옆에 와서 조언을 해 주더라도 그 조언은 매우 도움이 된다.

반면 내 친구가 어디에서인가 핸들을 잡고 차에 앉아 있는 사진을 나에게 보내며 운전에 대한 조언을 구하는 경우는, 그 사진 하나만으로는 아무런 조언도 도움이 될 수가 없다. 차가 앞으로 가고 있는지 뒤로 가고 있는지도 알 수 없고, 차에 결함이나 이상이 있는지, 차의 주변에 다른 차들이 얼마나 있고 어떤 장애물이 있는지 알 수가 없기 때문에 사진만 보고는 엑셀을 밟아야 하는지 브레이크를 밟아야 하는지조차 판단할 수 없기 때문이다.

위의 체스 게임과 같은 상황을 '**마르코프한 상태**'라고 부르며, 자동차 운전자의 사진과 같은 상황을 '**마르코프하지 않은 상태**'라고 부른다.

마르코프한 상태   마르코프하지 않은 상태

 마르코프 결정 과정의 구성 요소를 그림으로 나타내면 아래와 같다.

마르코프 의사 결정의 구성 요소				
상황	행동	상황이 변화할 확률	보상	미래 보상의 현재 가치

마르코프 의사 결정의 구성 요소

 이제 이러한 구성 요소들을 기초로 마르코프 의사 결정 알고리즘이 어떤 과정을 거쳐 진행되는지에 대해 살펴본다. 마르코프 결정 과정은 당사자가 앞서 설명한 '마르코프한 상태'에 직면한 상황에서, 그가 선택할 수 있는 여러 행동 중 가장 큰 보상을 얻을 것이라고 기대하는 행동을 선택하는 과정이다.

 선택 가능한 각 행동에 대해 그 행동의 결과로 상황이 변화할 확률이 각 행동마다 존재하고, 그에 따라 기대할 수 있는 보상도 존재한다. 행동의 결과로 인한 상황의 변화 여부와 보상의 가치는 확정된 것이 아니라, 확률에 따라 달라진다. 따라서 당사자는 '확률적'으로 가장 높은 가치를 기대할 것이라 믿는 행동을 선택하게 되며, 그로 인해 실제로 발생한 상황의 변화와 실제로 얻게 된 보상을 그가 기대했던 상황 및 보상과 비교하여 학습과 시행착오를 통해 더 성숙한 지혜를 얻는다. 그리고 이러한 학습을 기초로 다음 번에 직면하는 '마르코프한 상태'의 상황에서는 더 큰 보상을 얻을 수 있는 더 나은 행동을 한다는 내용이 마르코프 의사 결정의 과정이다.

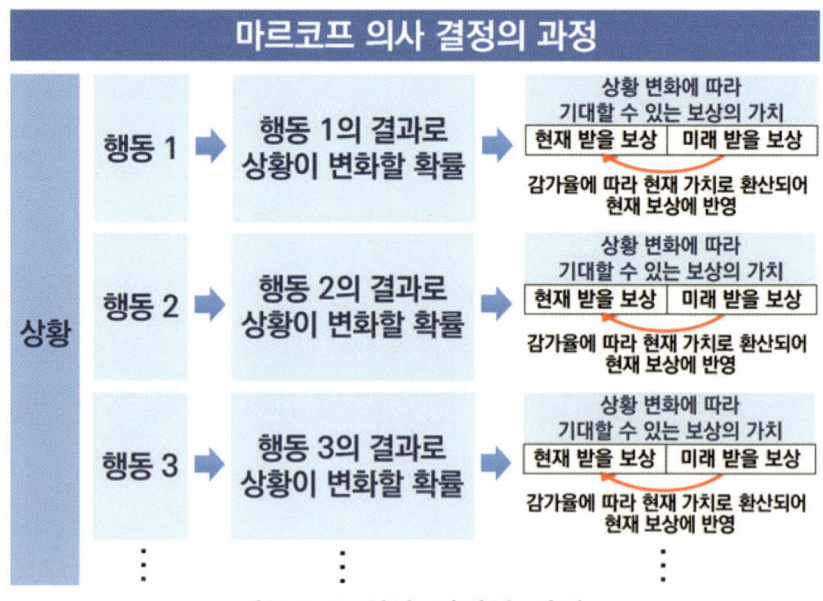

마르코프 의사 결정의 과정

10

탐색과 최적화 알고리즘

최단 경로 찾기

1 탐색(Search)과 최적화(Optimization)

 앞서 가장 맛있는 라면을 끓이기 위한 재료들의 최적 조합을 찾기 위해 고민하던 '준이'의 사례에서 살펴보았듯이, 머신러닝의 풀이는 '최적해'를 찾는 데 그 목표가 있다. '최적해'를 찾기 위해서 중요한 기법으로 **탐색(Search)**과 **최적화(Optimization)**'가 있는데, 탐색이란 문제의 '해'가 될 수 있는 여러 값들의 집합을 하나의 '공간'으로 생각하여 '최적해'를 찾기 위해 그 공간을 하나씩 체계적으로 살펴보는 활동을 의미한다. 그리고 최적화란 여러 가지 선택지들 중에서 주어진 조건에 가장 부합하는 선택지를 결정하는 과정을 의미하는데, 탐색의 과정에서 탐색에 소요되는 시간을 단축시키기 위해서는 얼마나 효율적이고 빠른 경로와 절차대로 탐색을 하는지가 중요하기 때문에 여기서 최적화 작업이 큰 영향을 미친다.

 그리고 이러한 최적화의 방식에 따라 탐색의 경로와 그 결과가 달라질 수 있고 그에 따라 우리가 결과적으로 '최적해'라고 판단하게 되는 값 또한 각기 다를 수 있다. 마치 내가 수원에서 서울역까지 가고자 할 때 지하철, 버스, 택시, 도보 등을 어느 방식으로 조합하느냐에 따라 그 소요

시간과 체력 소모가 각기 달라지는 것과 같은 이치이다.

 따라서 우리는 최적화의 방법을 잘 정해야 한다. 그리고 앞서 우리가 머신러닝의 다양한 풀이 방법을 여러 종류의 '알고리즘'이라고 정의했던 것처럼 최적화라는 문제의 풀이 방법을 우리는 '최적화 알고리즘'이라고 부르고, 이 알고리즘에도 여러 종류가 존재한다.

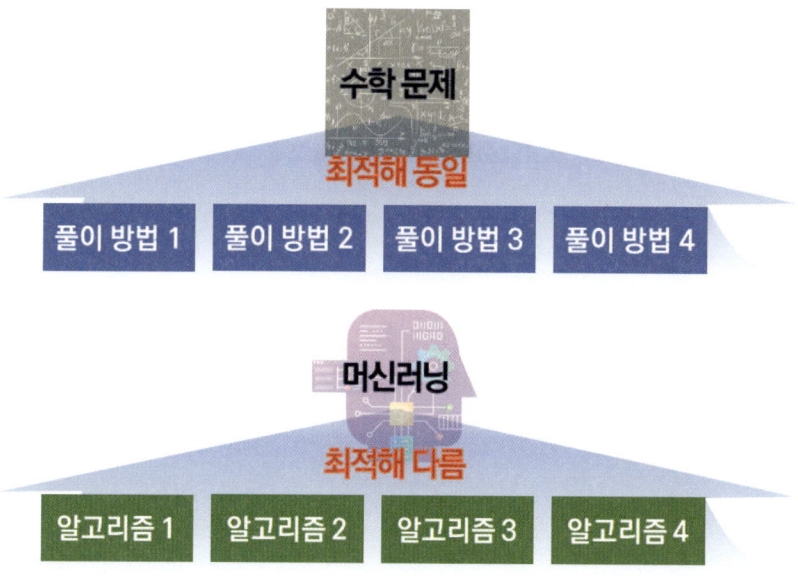

 이를 앞서 설명한 머신러닝과 알고리즘의 개념을 활용하여 다른 말로 다시 설명해 보겠다. 우리가 일반적으로 수학 문제를 풀 때에도 여러 가지 풀이 방법이 존재하는 것처럼, 머신러닝에서도 동일한 문제를 풀 수 있는 풀이 방법으로서

여러 가지 알고리즘이 존재한다. 다만 일반적인 수학 문제에서와 차이는 머신러닝은 각각의 풀이 방법에 따라 그 소요 시간과 처리 속도가 달라지고 그 정답으로 도출되는 '최적해'가 다를 수 있다는 것이다. 이 장에서는 출발지부터 도착지까지 갈 수 있는 여러 경로를 '탐색'하면서 그 중 가장 짧은 경로를 찾아내는 '최적화' 문제를 통해 이 문제를 해결하는 다양한 알고리즘에 대해 살펴본다.

2 탐욕 알고리즘(Greedy Algorithm)

탐욕 알고리즘(Greedy Algorithm)은 미래의 선택을 고려하지 않고 매 선택의 순간 지금 당장 최적의 답을 선택하여 최종적인 답을 도출해가는 알고리즘을 의미한다. 따라서 각 선택의 순간에서는 최적의 답을 찾기가 쉬운 것이 장점이지만, 모든 선택의 결과로 나온 최종 결과는 전체적으로 보았을 땐 최적의 답이 아닐 수 있다는 것이 단점이다.

- 미래의 선택을 고려하지 않고 매 선택의 순간 지금 당장 최적의 답을 선택하여 최종적인 답을 도출해가는 알고리즘
- 각 선택의 순간에서는 최적의 답을 찾기가 쉬움
- 모든 선택의 결과로 나온 최종 결과는 전체로는 최적의 답이 아닐 수 있음

탐욕 알고리즘의 특징

아래에 제시된 출발지에서 도착지까지 최단 경로를 찾아야 하는 문제를 살펴본다. 출발, 도착, A~F까지의 지점이 표시되어 있고, 각 지점 사이를 이동하는 경로에 적힌 숫자는 거리를 의미한다. 따라서 각 숫자의 합이 최소화되는 최단 경로를 찾아야 한다.

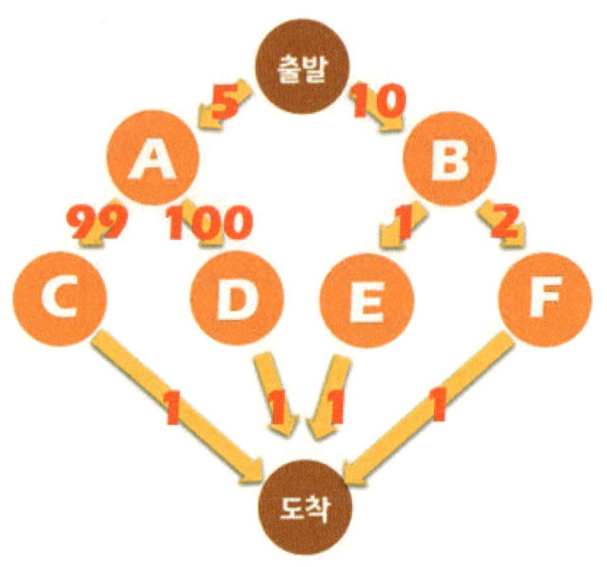

최단 경로 찾기 문제

출발, 도착, A~F까지의 각 지점들을 **노드(Node)**라고 부른다(이 단어는 앞서 스무고개를 통해 의사 결정 나무를 공부할 때 배운 적이 있다.). 먼저 출발 노드부터 탐색을 시작한다. 출발 노드에서 즉시 이동 가능한 각 노드들까지의 거리를 탐색하여 최단거리인 노드로 이동하고자 한다. 출발 노드에서는 즉시 이동 가능한 노드는 5의 거리를 가진 A노드와 10의 거리를 가진 B노드의 두 가지 노드가 존재한다. 탐욕 알고리즘에서는 미래의 선택에 대한 고려 없이 당장 현재 시점에서의 최적을 선택하므로 두 경로 중 거리가 더 짧은 5를 선택하여 A노드로 이동한다.

이제 A노드에서 즉시 이동 가능한 각 노드들까지의 거리를 탐색하여 최단거리인 노드로 이동할 차례다. A노드에서 즉시 이동 가능한 노드는 99의 거리를 가진 C노드와 100의 거리를 가진 D노드의 두 가지 노드가 존재한다. 탐욕 알고리즘에서는 당장 현재 시점에서의 최적을 선택하므로 두 경로 중 거리가 더 짧은 99를 선택하여 C노드로 이동한다. 이렇게 선택한 경로인 '출발→A→C→도착'을 그림으로 표시하면 아래와 같다.

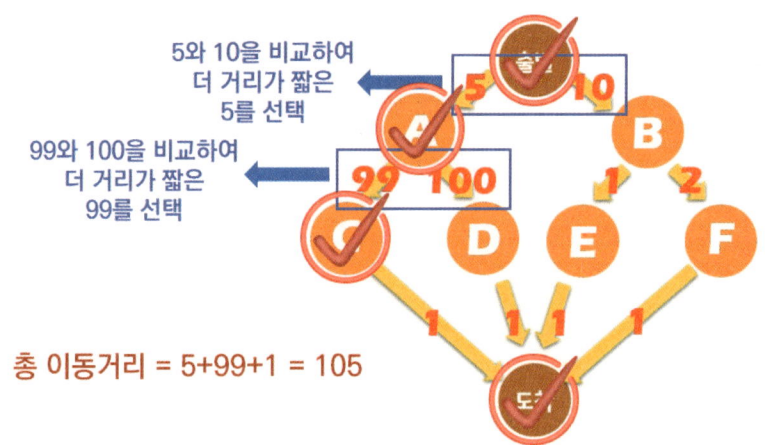

탐욕 알고리즘으로 찾은 최적 경로

이 때 출발 노드에서 도착 노드까지 이동거리의 총합은 5와 99와 1을 더한 105가 된다. 그런데 전체를 종합하여 보았을 때는, 아래 그림과 같이 '출발→B→E→도착'의 경로를 따라 10과 1과 1을 더해 12의 비용만 들여서도 출발 노드에서 도착 노드까지 이동이 가능하다.

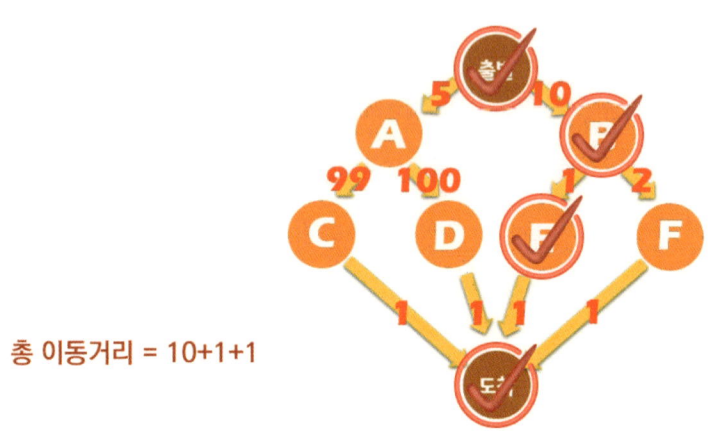

총 이동거리 = 10+1+1

전체 문제에서 찾은 최적 경로

 따라서 앞서 설명한 바와 같이 탐욕 알고리즘에서 도출한 최단경로는 전체로 보았을 때는 최단경로가 아닐 수 있다는 점이 확인되었다. 이는 탐욕 알고리즘에서 각 선택의 순간에서는 이후의 선택을 고려하지 않고 경로를 선택하지만, 실제로는 이전의 선택이 이후의 선택에 영향을 미치게 되어, 실제로 결정되는 최종 경로는 이러한 개별 선택들이 모여서 이루어진 경로가 되기 때문이다. 이를 다르게 말하면, 탐욕 알고리즘에서는 '전체 문제의 해결 방법'이 '각 부분 문제의 해결 방법'으로 구성된다.

전체는 부분의 합

'전체 문제의 해결 방법'이
'각 부분 문제의 해결 방법'으로 구성

탐욕 알고리즘으로 찾은 최적 경로

≠

전체 문제에서 찾은 최적 경로

3 다익스트라 알고리즘(Dijkstra Algorithm)

다음으로, 개발자인 에츠허르 다익스트라(Edsger Wybe Dijkstra)의 이름을 따서 명명된 '**다익스트라 알고리즘(Dijkstra Algorithm)**'을 통해 최단 경로를 찾는 문제를 풀어보고자 한다. 이 알고리즘이 이 책에서 가장 어렵고 복잡한 내용이다. 만약 심리적 거부감이 든다면 굳이 이 알고리즘을 읽지 않고 바로 다음 장으로 넘어가도 괜찮다.

다익스트라 알고리즘도 기본적으로 탐욕 알고리즘과 마찬가지로 특정 노드에서 선택 가능한 여러 경로 중 한 경로를 선택해야 한다. 하지만 일반적인 탐욕 알고리즘과 달리, 여기서는 **[최단거리표]**를 활용한다. **[최단거리표]**는 출발 노드에서 다른 노드까지의 최단거리를 정리한 표이다.

다익스트라 알고리즘의 최단거리 계산 방법을 살펴보자.

다익스트라 알고리즘의 최단거리 계산 방법
1. 최단거리표 작성 출발 노드부터 다른 각 노드까지의 최단거리를 저장하는 [최단거리표]를 작성

2. 노드 방문
출발 노드부터 시작하여 순서대로 도착 노드를 제외한 모든 노드를 방문하며 탐색을 수행
1) 탐색
  a) 방문한 각 노드에서 즉시 이동가능한 다른 각 노드까지의 거리를 계산
  b) 출발 노드에서 방문한 노드를 거쳐 각각의 다른 노드까지 이동하는 최단거리를 계산

2) 최단거리표 변경
b)에서 계산한 최단거리와 기존 최단거리표에 작성된 최단거리를 비교하여 b)에서 계산한 최단거리가 더 짧은 경우 기존 최단거리표의 값을 해당 값으로 변경

3. 방문 완료 및 최단거리표 완성
모든 노드를 다 방문할 때까지 [2. 노드 방문]의 과정을 반복
모든 노드 방문 후 완성된 최단거리표에 적힌 값이 출발 노드부터 각 노드까지의 최단 거리

즉, 이 알고리즘에서는 출발 노드부터 시작하여 도착 노드를 제외한 모든 노드를 순서대로 방문하면서 매 방문마다 탐색을 수행한다.

매 방문마다 특정 노드에서 즉시 이동 가능한 모든 노드를 대상으로 각 노드까지의 거리를 탐색하고, 출발 노드부터 해당 노드를 거쳐 각 노드로 이동 가능한 거리를 새로 계산한다. 여기서 계산된 거리를 기존에 작성되어 있던 **[최단거리표]**의 최단거리와 비교하여 새로 계산된 거리가 기존에 작성된 최단거리보다 더 짧은 경우 최단거리를 새로 계산된 값으로 변경한다. 만약 출발 노드와 도착 노드 이외에 5개의 노드가 존재하는 경우, 방문을 수행하는 횟수는 도착 노드를 제외한 총 노드의 수인 6회(7개-1개)가 된다.

아래의 문제를 예시로 다익스트라 알고리즘을 살펴본다. 출발 노드에서 도착 노드까지의 최단경로를 찾는 문제이며, 각 노드 사이의 이동 거리가 빨간색 숫자로 표시되어 있다.

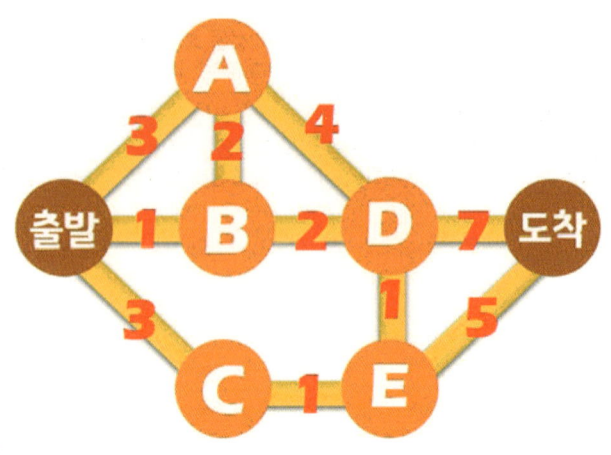

최단 경로 찾기 문제

1. 최단거리표 작성

아래는 출발 노드에서 다른 노드까지의 최단 거리를 나타낸 표이다. 이 표를 **[최단거리표]**라고 부르기로 하자. 출발지에서 자기 자신인 출발지까지의 거리는 0이므로 0으로 적는다. 그 외 나머지 노드까지의 거리는 무한대(∞)를 초기값으로 적는다.

	출발	A	B	C	D	E	도착
출발	0	∞	∞	∞	∞	∞	∞

[최단거리표] - 최초

2. 노드 방문(탐색 + 최단거리표 변경)

이제 출발 노드부터 순서대로 각 노드를 방문한다. 총 노드의 개수가 7개이고, 도착 노드를 제외하면 6개가 되므로 방문의 횟수는 총 6회가 될 것이다.

방문 1   출발 노드

첫 번째로 출발 노드를 방문한다. 출발 노드에서 즉시 이동 가능한 각 노드까지의 거리를 탐색하고, 이를 기초로 **[최단거리표]**를 다시 작성한다.

출발 노드에서 즉시 이동 가능한 노드는 A, B, C의 세 노드이고, A노드까지의 거리는 3, B노드까지의 거리는 1, C노드까지의 거리는 3이다. A, B, C노드는 출발 노드에서 다른 노드를 거치지 않고 즉시 이동 가능한 노드이므로 이 거리가 곧 최단거리가 된다. 이 내용을 **[최단거리표1]**에 적고, 그 외의 노드까지의 최단거리는 초기값 그대로 무한대로 둔다. 최단거리가 가장 가까운 노드는 B이므로, 다음으로는 B를 방문한다. 첫번째로 방문을 완료한 출발 노드는 노란색으로 칠한다.

출발	A	B	C	D	E	도착
0	3	1	3	∞	∞	∞

[최단거리표1] - 출발 노드 방문

방문 2 B노드

이제 B노드를 방문하여 B노드에서 즉시 이동 가능한 각 노드까지의 거리를 탐색하고, 이를 기초로 출발지로부터 각 노드까지의 최단거리를 다시 계산할 차례다. 이 결과는 새롭게 **[최단거리표2]**로 작성한다. B에서 즉시 이동 가능한 노드는 A노드와 D노드 두 개이므로, 두 번의 계산이 필요하다.

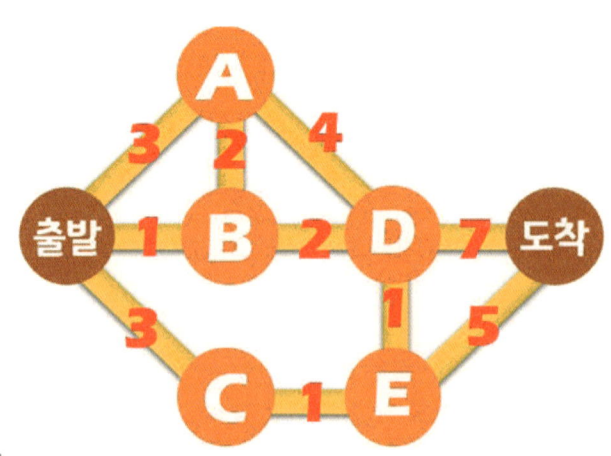

최단 경로 찾기 문제

B노드에서 A노드까지의 거리는 2이고, B노드에서 D노드까지의 거리는 2이다. 따라서 출발 노드에서 B노드를 거쳐 A노드까지 이동할 수 있는 최단거리는 출발→B→A의 이동거리의 합으로써 (출발→B의 거리)+ (B→A의 거리) = 1 + 2 = 3이 된다.

그런데 출발 노드에서 A노드까지 가는 방법은 B노드를 거치지 않고 출발 노드에서 즉시 A노드로 이동하는 방법도 있다. 이는 위의 **[최단거리표2]**에서 (출발→A의 거리)로 입력한 3이다. 우연하게도 두가지 방식으로 계산한 최단거리의 값이 모두 3으로 동일하다. 따라서 최단거리표의 값을 변경하지 않고 그대로 둔다. 여기까지 설명한 내용을 표로 나타내면 아래와 같다.

	경로		거리	
	B	A	2	
출발	B		1	최단거리
출발	B	A	3 (=1+2)	3
출발		A	3	

출발 노드에서 A노드까지의 최단거리를 계산한 표

동일한 방식으로 계산하면 출발 노드에서 D노드까지의 최단거리는 출발→B→D의 이동거리의 합계로서 (출발→B의 거리) + (B→D의 거리) = 1 + 2 = 3이 된다. 이를 기존의 **[최단거리표2]**의 (출발→D)의 값과 비교해 보니 새로 계산한 값인 3이 이전의 값인 무한대보다 작다. 따라서 기존의 값(∞)을 더 작은 새로운 값(3)으로 변경한다. 여기까지의 내용을 표로 나타내면 아래와 같다.

	경로		거리	
	B	D	2	
출발	B		1	최단거리
출발	B	D	3 (=1+2)	3
출발		D	∞	(변경)

출발 노드에서 D노드까지의 최단거리를 계산한 표

그리고 위 내용을 종합하여 **[최단거리표3]**를 작성하면 아래와 같다. 방금 방문을 완료한 B노드는 노란색으로 칠한다. 변경된 최단거리 값은 빨간색으로 표시한다.

	출발	A	B	C	D	E	도착
출발	0	3	1	3	3	∞	∞

[최단거리표2] - B노드 방문

방문 3   A노드

다음으로, 방문하지 않은 노드 중 출발 노드에서 가장 가까운 A, C, D노드 중 A를 방문한다. A노드에서 즉시 이동 가능한 각 노드까지의 거리를 탐색하고, 이를 기초로 출발 노드로부터 각 노드까지의 최단거리를 다시 계산한다.

A에서 즉시 이동 가능한 노드는 출발 노드, B노드, D노드의 세 노드이다. 먼저 A노드에서 탐색한 출발 노드까지의 거리는 3인데, 기존 최단거리표에 입력된 '출발→A의 거리'인 3과 동일한 값이므로 기존 최단거리 값을 변경하지 않는다.

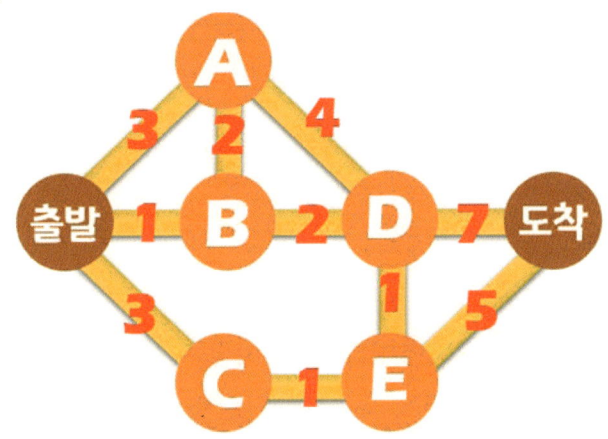

최단 경로 찾기 문제

A노드에서 탐색한 B노드까지의 거리는 2이다. 따라서 출발 노드에서 A노드를 거쳐 B노드까지 이동하는 거리는 (출발→A의 거리) + (A→B의 거리) = 3+2=5가 된다. 이 때 출발 노드에서 B노드까지의 최단거리는 기존 최단거리표에 입력되어 있던 최단거리 값인 1과 이번에 새롭게 계산한

거리인 5 중 더 작은 값이므로, 기존 값인 1을 변경하지 않는다. 이 내용을 표로 나타내면 아래와 같다.

	경로		거리	
	A	B	2	
출발	A		3	최단거리
출발	A	B	5 (=3+2)	1
출발		B	1	(유지)

출발 노드에서 B노드까지의 최단거리를 계산한 표

다음으로 A노드에서 탐색한 D노드까지의 거리는 4이다. 따라서 출발 노드에서 A노드를 거쳐 D노드까지 이동하는 거리는 (출발→A의 거리) + (A→D의 거리) = 3+4=7이 된다. 이 때 출발 노드에서 D노드까지의 최단거리는 기존 최단거리표에 입력되어 있던 최단거리 값인 3과 이번에 새롭게 계산한 거리인 7 중 더 작은 값이므로, 기존 값인 3을 변경하지 않는다. 이 내용을 표로 나타내면 아래와 같다.

	경로		거리	
	A	D	4	
출발	A		3	최단거리
출발	A	D	7 (=3+4)	3
출발		D	3	(유지)

출발 노드에서 D노드까지의 최단거리를 계산한 표

[최단거리표3]을 작성하면 아래와 같다. 방금 방문을 완료한 A노드는 노란색으로 칠하고, 변경된 최단거리 값은 없다.

	출발	A	B	C	D	E	도착
출발	0	3	1	3	3	4	∞

[최단거리표3] - A노드 방문

방문 4 C노드

다음으로 방문한 C에서 즉시 이동 가능한 각 노드까지의 거리를 탐색하고, 이를 기초로 출발 노드로부터 각 노드까지의 최단거리를 다시 계산해 보자. 이 결과는 새롭게 **[최단거리표4]**로 작성할 것이다. C노드에서 즉시 이동 가능한 노드는 E노드뿐이다. 따라서 한 번의 계산만 필요하다.

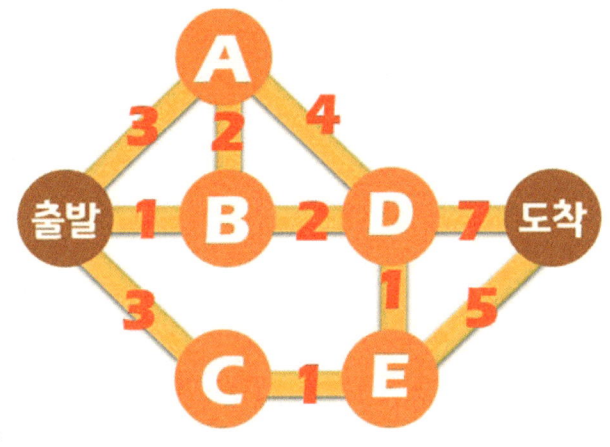

최단 경로 찾기 문제

C노드에서 E노드까지의 거리는 1이다. 따라서 출발 노드에서 C노드를 거쳐 E노드까지 이동하는 거리는 (출발→C의 거리) + (C→E의 거리) = 3+1=4가 된다. 이 때 출발 노드에서 E노드까지의 최단거리는 (출발→C→E의 거리) 와 (출발→E)의 거리 중 더 작은 값이므로, 이번에 계산한 출발→C→E의 거리인 4와 기존 최단거리표에 이미 계산되어 있던 출발→E의 거리인 무한대(∞)를 비교하여 더 작은 값인 4로 해당 칸을 변경한다. 이 내용을 표로 나타내면 아래와 같다.

	경로		거리	
	C	E	3	
출발	C		1	최단거리
출발	C	E	4 (=1+3)	4 (변경)
출발		E	∞	

출발 노드에서 E노드까지의 최단거리를 계산한 표

그리고 [최단거리표4]를 다시 작성한다. 방금 방문을 완료한 C노드는 노란색으로 칠하고, 변경된 최단거리 값은 빨간색으로 표시한다.

	출발	A	B	C	D	E	도착
출발	0	3	1	3	3	4	∞

[최단거리표4] - C노드 방문

| 방문 5 | D노드 |

다음으로 방문하지 않은 곳 중 가장 거리가 가까운 D노드를 방문한다. D노드에서 즉시 이동 가능한 각 노드까지의 거리를 탐색하고, 이를 기초로 출발 노드로부터 각 노드까지의 최단거리를 다시 계산하여 **[최단거리표5]**로 작성하고자 한다.

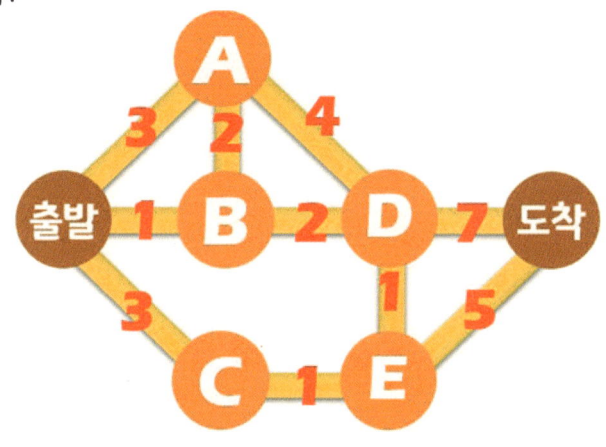

최단 경로 찾기 문제

D노드에서 즉시 이동 가능한 노드는 E노드와 도착 노드의 두 곳이다. 먼저, D노드에서 E노드까지의 거리는 1이다. 따라서 출발 노드에서 D노드를 거쳐 E노드까지 이동하는 거리는 (출발→D의 거리)+(D→E의 거리)이고, 앞서 **[최단거리표4]**에서 작성한 (출발→D의 거리)인 3을 활용하면 (출발→D의 거리)+(D→E의 거리) = 3+1=4이다.

이 때 출발 노드에서 E노드까지의 최단거리를 구하기 위해서는 기존에 **[최단거리표4]**에서 작성한 최단거리 값인 4와 이번에 새롭게 구한 거리인 4를 비교해야 하는데, 두 값은 동일하므로 기존의 최단거리 값을 변경하지 않는다. 이를 표로 나타내면 아래와 같다.

	경로		거리	최단거리
	D	E	1	
출발	D		3	
출발	D	E	4 (=3+1)	4 (유지)
출발		E	4	

출발 노드에서 E노드까지의 최단거리를 계산한 표

다음으로 D노드에서 도착 노드까지의 거리는 7이다. 따라서 출발 노드에서 D노드를 거쳐 도착 노드까지 이동하는 거리는 (출발→D의 거리)+(D→도착의 거리)이고, 앞서 **[최단거리표4]**에서 작성한 (출발→D의 거리)인 3을 활용하면 (출발→D의 거리)+(D→도착의 거리) = 3+7=10이다.

이 때 출발 노드에서 도착 노드까지의 최단거리는 (출발→D→도착의 거리)와 기존에 계산한 (출발→도착의 거리) 중 더 작은 값인데, 기존 **[최단거리표4]**에서 작성한 (출발→도착의 거리) 값인 무한대(∞)보다 새롭게 계산한 값인 10이 더 작으므로 해당 값을 10으로 변경한다. 이 내용을 표로 나타내면 아래와 같다.

경로			거리	
	D	도착	7	
출발	D		3	최단거리
출발	D	도착	10(=3+7)	10
출발		도착	∞	(변경)

출발 노드에서 도착 노드까지의 최단거리를 계산한 표

그리고 **[최단거리표5]**를 다시 작성한다. 방금 방문을 완료한 D노드는 노란색으로 칠하고, 변경된 최단거리 값은 빨간색으로 표시한다.

	출발	A	B	C	D	E	도착
출발	0	3	1	3	3	4	10

[최단거리표5] - D노드 방문

방문 6 E노드

마지막으로 도착 노드를 제외하고 유일하게 방문하지 않은 한 곳인 E노드를 방문한다. E노드에서 즉시 이동 가능한 각 노드까지의 거리를 탐색하고, 이를 가치로 출발 노드로부터 각 노드까지의 최단거리를 다시 계산하여 **[최단거리표6]**으로 작성하고자 한다.

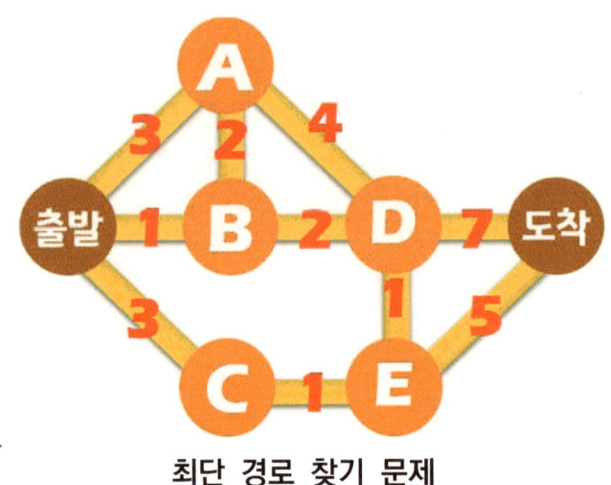

최단 경로 찾기 문제

E노드에서 즉시 이동 가능한 노드는 도착 노드 단 한 곳이므로, 한 번의 계산만 하면 된다. E노드에서 도착 노드까지의 거리는 5이다. 따라서 출발 노드에서 E노드를 거쳐 도착 노드까지 이동하는 거리는 (출발→E의 거리)+(출발→도착의 거리)이고, 앞서 **[최단거리표5]**에서 작성한 (출발→E의 거리)인 4를 활용하면, (출발→E의 거리)+(출발→도착의 거리)=4+5=9이다.

이 때 출발 노드에서 도착 노드까지의 최단거리는 (출발→E→도착의 거리) 와 (출발→도착)의 거리 중 더 작은 값이므로, 이번에 계산한 출발→E→도착의 거리인 10과 기존 최단거리표에 이미 계산되어 있던 출발→도착의 최단거리인 9을 비교하여 더 작은 값인 9로 해당 칸을 변경한다. 이 내용을 표로 나타내면 아래와 같다.

	경로		거리	
	E	도착	5	
출발	E		4	최단거리
출발	E	도착	9(=4+5)	9
출발		도착	10	(변경)

출발 노드에서 도착 노드까지의 최단거리를 계산한 표

그리고 **[최단거리표6]**를 다시 작성한다. 방금 방문을 완료한 E노드는 노란색으로 칠하고, 변경된 최단거리 값은 빨간색으로 표시한다.

	출발	A	B	C	D	E	도착
출발	0	3	1	3	3	4	9

[최단거리표6] - E노드 방문

3. 방문 완료 및 최단거리표 완성

이로써 도착 노드를 제외한 모든 노드의 방문이 완료되었고, 최종 최단거리표가 **[최단거리표6]**과 같이 완성되었다. 최종 최단거리표에 따르면 우리가 다익스트라 알고리즘을 통해 구한 출발 노드에서 도착 노드까지의 최단 거리는 9

임을 확인할 수 있다.

 만약 동일한 문제를 탐욕 알고리즘을 활용하여 풀어보자. 탐욕 알고리즘에서는 매 선택의 순간 미래를 고려하지 않고 지금 당장 가장 짧은 거리로 이동하므로, 출발 노드에서는 즉시 이동 가능한 노드인 A, B, C 세 개의 노드 중 가장 거리가 짧은 B로 이동하고, 이 때 이동거리는 1이다. B로 이동한 후에는 지금 당장 가장 거리가 짧은 D로 이동하고, 이때 이동거리는 2이다. D에서 도착 노드까지의 거리는 7이므로, 탐욕 알고리즘에서의 최단 거리는 '출발→B→D→도착'의 이동 거리의 총합인 1+2+7=10이 된다. 따라서 탐욕 알고리즘을 최단 거리는 다익스트라 알고리즘을 통해 찾은 최단 거리와 다름을 확인할 수 있다.

탐욕 알고리즘에서의 최단거리와 비교

11

머신러닝 이전의 인공지능

다시 책의 도입부로 돌아가 보자. 인공지능은 필요에 의해 인간의 뇌를 본떠 기계에게 인위적으로 넣어준 지능이라고 하였다. 그리고 매번 기계에게 이렇게 인공적으로 만든 지능을 인간이 일일이 넣어주는 것은 번거롭고 귀찮은 일이므로 이것을 자동화하여 기계가 스스로 학습하도록 만든 기술이 머신러닝이라고 했다. 그렇다면 머신러닝 이전에는 기계에게 주입된 인공지능을 어떻게 학습시켰을지 궁금증이 생길 법도 하다. 이 장에서는 머신러닝 이전의 인공지능에 대해 살펴본다.

1 규칙 기반 인공지능(Rule-based AI)

우리는 일상 생활에서 나름대로의 규칙을 세워 놓고 생활한다. 화요일에는 분리수거를 하고, 일요일에는 자전거 동호회 활동을 하고, 수요일과 금요일에는 헬스장을 간다든가 하는 것 말이다. 비가 오면 우산을 챙기고, 날씨가 추워지면 패딩을 꺼내 입고, 봄이 오면 원피스를 입는다.

당장 규칙에 해당하는 일이 발생하지 않더라도 미래에 특정한 상황에 대비하기 위한 계획으로서의 규칙도 있다. 월급이 들어오면 적금을 납입한다든지, 버스를 놓치면 택시를

탄다든지 하는 규칙 말이다. 이는 모두 우리의 편의를 위해 우리가 스스로 설정한 것이다. 즉 우리는 우리가 비록 인지하고 있지는 않지만 '만약-그러면(If-Then)' 형식의 규칙을 일상적으로 정한 채로 살아간다.

머신러닝 이전의 인공지능에게는 스스로 학습할 수 있는 능력이 없었기 때문에 이처럼 인간이 기계에게 모든 규칙을 설정해 주어야 했다. 만약 A라는 상황이 발생하면 B를 하고, 만약 C라는 상황이 발생하면 D를 하라는 등의 규칙을 모든 상황에 대해 정해 주어야 했고, 인공지능은 반드시 이렇게 사전에 정해진 규칙에 따라서만 행동해야 했다. 이러한 방식으로 작동되는 인공지능을 **규칙 기반 인공지능(Rule-based AI)**라고 하며 이러한 학습 방식을 **규칙 기반 학습(Rule-based Learning)**이라고 부른다.

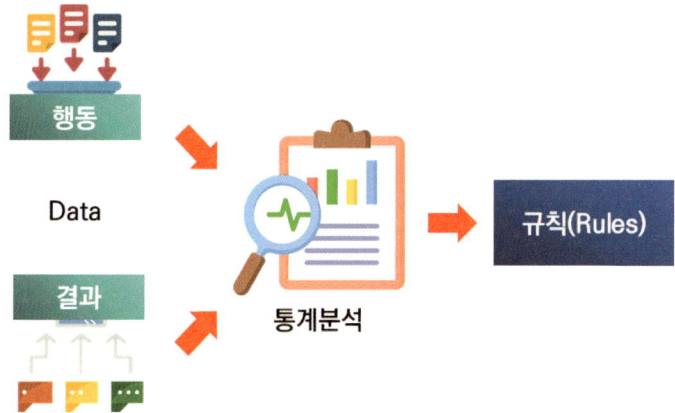

이러한 규칙들은 '만약 이러하다면 어떻게 하라', 즉 '만약~그러면(IF-Then)' 형식으로 설정되어 있었다. 하지만 무턱대고 아무 규칙이나 정해 준 것은 아니었다. 인공지능의 수많은 행동과 결과 데이터들을 수집하여 그 행동 패턴과 결과들을 통계학적으로 분석하여 수많은 '만약-그러면' 형식의 규칙들을 정한 것이었다.

2 규칙 기반 학습(Rule-based Learning)의 특징

이러한 규칙 기반 학습은 규칙이 명확하게 정의되어 있으므로 행동의 원인과 결과 분석이 용이하다. 인공지능이 왜 그러한 행동을 했고 결과가 왜 그렇게 발생하였는지를 명확하게 파악할 수 있었다. 또한 인공지능이 특정한 전문 분야에 특화되어 사용되는 경우, 해당 분야의 전문가인 인간이 해당 인공지능을 학습시킬 경우 그 학습 효과 및 성능에 효과적이다. 또한 다른 별도의 학습 없이 오로지 설정된 규칙에 의해서만 행동하므로 데이터가 전혀 없는 상황에서도 인공지능이 제 역할을 잘 수행할 수 있다.

한편 규칙 기반 학습에는 단점도 있는데, 복잡한 다량의 데이터를 분석해야 하는 경우 규칙의 수가 방대해짐에 따라 그 효과와 성능이 급격히 저하된다. 또한 상황이나 조건이 변화하는 경우 인간이 규칙을 매번 일일이 변경해 주어야 하고, 그러한 번거로운 작업을 해주지 않는 경우 인공지능은 제 기능을 하지 못하게 된다. 또한 규칙이 복잡해지고 그 수가 많아지면 규칙 사이에 모순이 발생하거나 서로 상충되는 규칙이 문제를 일으킬 수 있다.

예컨대 우리가 매주 금요일에는 헬스장에 간다는 규칙을 정했다고 하자. 그런데 어떤 금요일에 헬스장에 갔더니 하필 그날이 임시공휴일이어서 헬스장이 휴무인 경우 우리는 '만약 임시공휴일이면 금요일이더라도 헬스장에 가지 않는다'라는 규칙을 스스로 추가한다. 또 매주 일요일 저녁에 동호회 모임을 하기로 규칙을 정했다가 참여율이 지나치게 낮은 경우 이를 토요일로 바꾸는 융통성이 우리에겐 있다. 하지만 인공지능은 이러한 상황 변화에 따른 규칙의 변경을 스스로 할 수 없으므로 우리가 매번 일일이 바꿔 줘야 하는 것이다.

이를 통해 알 수 있듯 규칙 기반 학습은 사전에 규칙이 잘 정의되어야 하고, 그 규칙에 변동성이 적어야 하므로 데이터가 정형화되어 있고 일정할수록 그 학습의 효과가 높아진다. 예컨대 의사가 환자의 증상에 따라 내리는 의학적 판단의 경우, 의학적으로 검증된 인체의 생리적·병리적 특성은 그 규칙성과 경향성이 상당 부분 일정하므로 규칙을 통한 학습 효과가 큰 분야에 속할 것이다.